Maureen Marescaux

I0407082

Maureen Marescaux

Des couleurs dans le ciel
Maureen Marescaux

Je tiens à remercier mon meilleur ami qui m'a appris à apprécier Paris, je tiens également à remercier ma copine qui me soutient dans tous mes projets même si parfois elle est exaspérée de me voir partir dans tous les sens.
Je tiens également à remercier mes grands-parents qui me demandent tous les jours où en est mon recueil : le voici et vous serez les premiers à le lire ! Mon frère et ma (belle) sœur qui me font croire à la bonté des Hommes.
Et enfin bien que cela peut paraître égocentrique, je me remercie moi-même car je suis fière du chemin que j'ai parcouru.

Maureen Marescaux

Ce troisième recueil de poésie est un peu le point final à cette série de poèmes. Cela ne veut pas dire que je n'écrirai plus, bien au contraire. Mais il est temps pour moi de tourner la page. À travers ces trois recueils je me suis donnée à vous corps et âme et je suis touchée des retours que j'ai pu avoir jusqu'ici. Je sais que j'ai encore du chemin à parcourir et je compte bien y parvenir. Je garde dans un coin de ma tête mon rêve de petite fille : retrouver un jour mes livres sur l'étagère d'une librairie. Merci de m'aider à réaliser ce rêve.

Et si j'ai une chose à vous conseiller, bien que du haut de mes 20 ans je ne m'en sens pas très légitime : croyez en vous, n'attendez rien des autres et continuez de poursuivre vos rêves, cela en vaut le coup. Visez les étoiles, rien n'est trop grand.

Maureen Marescaux

Maureen Marescaux

Janvier 2022

Maureen Marescaux

RECONSTRUCTION

Dans l'obscurité je crois parfois t'apercevoir
Comme une paréidolie dans la nuit
Un semblant de lumière dans le noir
Espoir émergeant sans le moindre bruit

Mes cauchemars ne sont plus si sombres
Alors désormais je n'ai plus peur
Depuis que tu leur fais de l'ombre
Et que se noient toutes mes douleurs

J'apprends peu à peu à apprécier Morphée
Ses tourments et ses méfaits

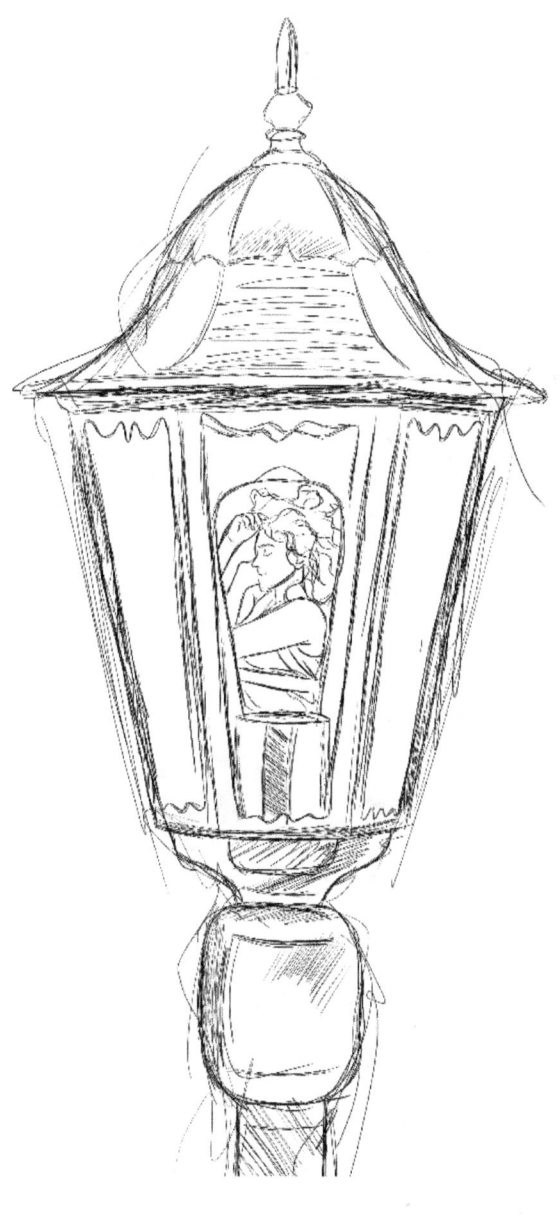

PETITE SŒUR

Du haut du mirador je t'observe
Mélancolique je te vois lire et relire
De belles histoires que tu gardes en réserve
Pour de ta vie, un jour t'enfuir

Et là je songe,
Aiguiser ma plume pour t'offrir de beaux vers
Afin de t'éloigner de cette noirceur qui te ronge
Sache que de toi je serai éternellement fière

Tu es dans ce monde un rayon de soleil
Celle que l'on a envie de protéger
Je serai la gardienne de ton sommeil
Je te promets de rester à tes côtés

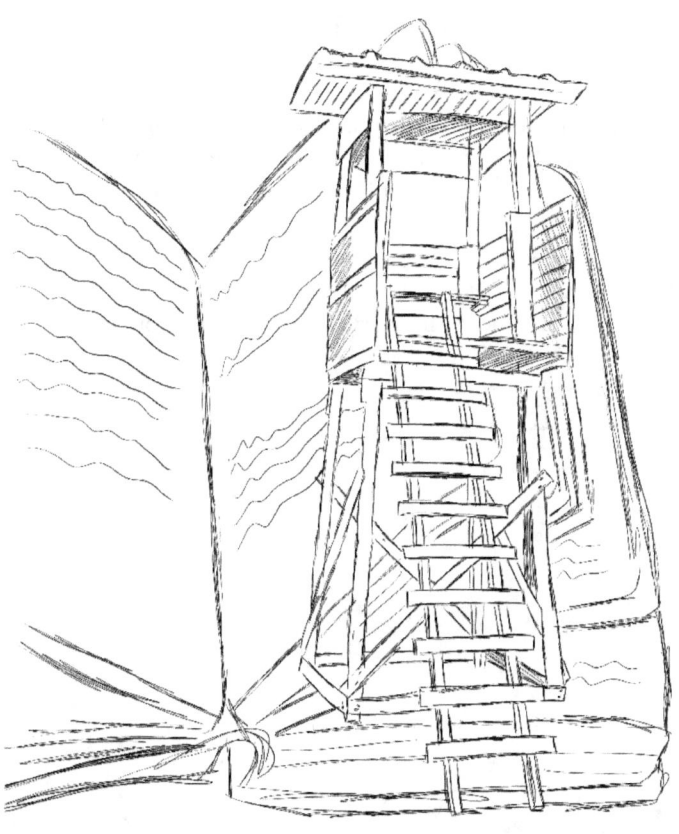

L'AMOUR À L'ANGLAISE

Nous avions rendez-vous à 16 heures,
enfin c'est ce que j'espérais,
à vrai dire je n'étais pas sûre de ta présence.
C'était une journée ensoleillée,
ensoleillée mais pas agressive. Le soleil était doux.
J'ai cherché désespéramment un fleuriste,
j'en ai finalement trouvé un qui s'avérait ne pas avoir
tant la main verte que cela.
Une rose à moitié fanée, un emballage très approximatif…
Je sortis de la boutique et cherchai un parc où t'attendre.
Sabine Weiss et ses sublimes photos m'accompagnèrent
alors.
J'étais là, assise sur un banc,
pantalon à carreaux et doc Martens,
chaussettes loufoques et livre artistique sur les genoux,
une rose posée à côté de moi.
Je me suis mise à rire.
-Suis-je donc destinée à demeurer un cliché ambulant ?

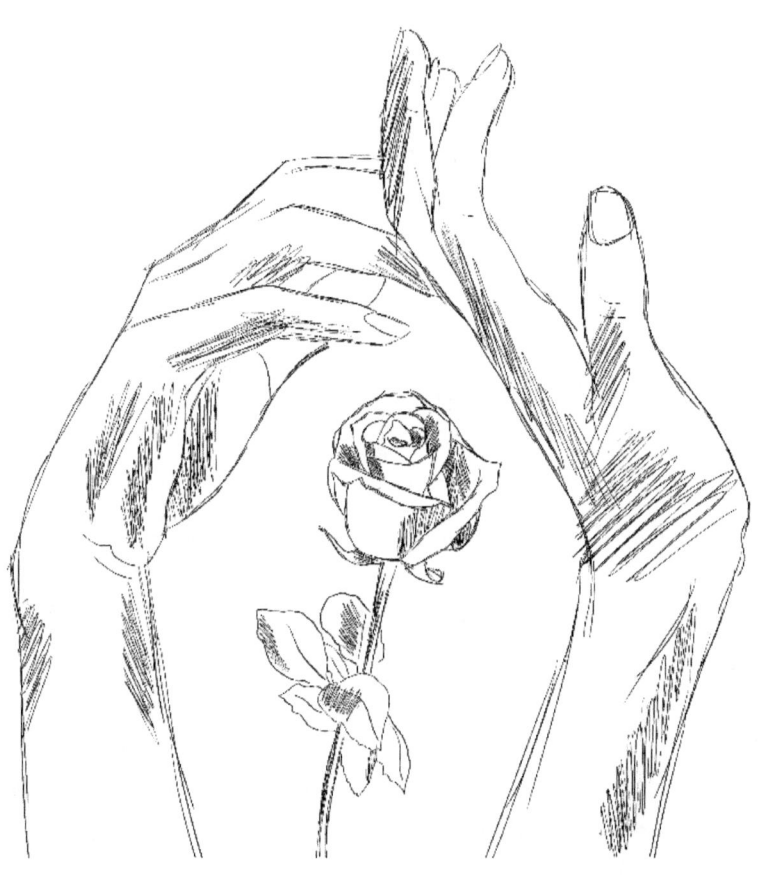

MÉLANCOLIE

Au soliflore de l'ancolie
Deux amants passés se meurent ;
Sous le goût amer d'un amour noircit
Dur est le regret d'un ancien flirt ;

Bouquet de mémoire, une fleur si
Empoissée émerge – et nous tue.

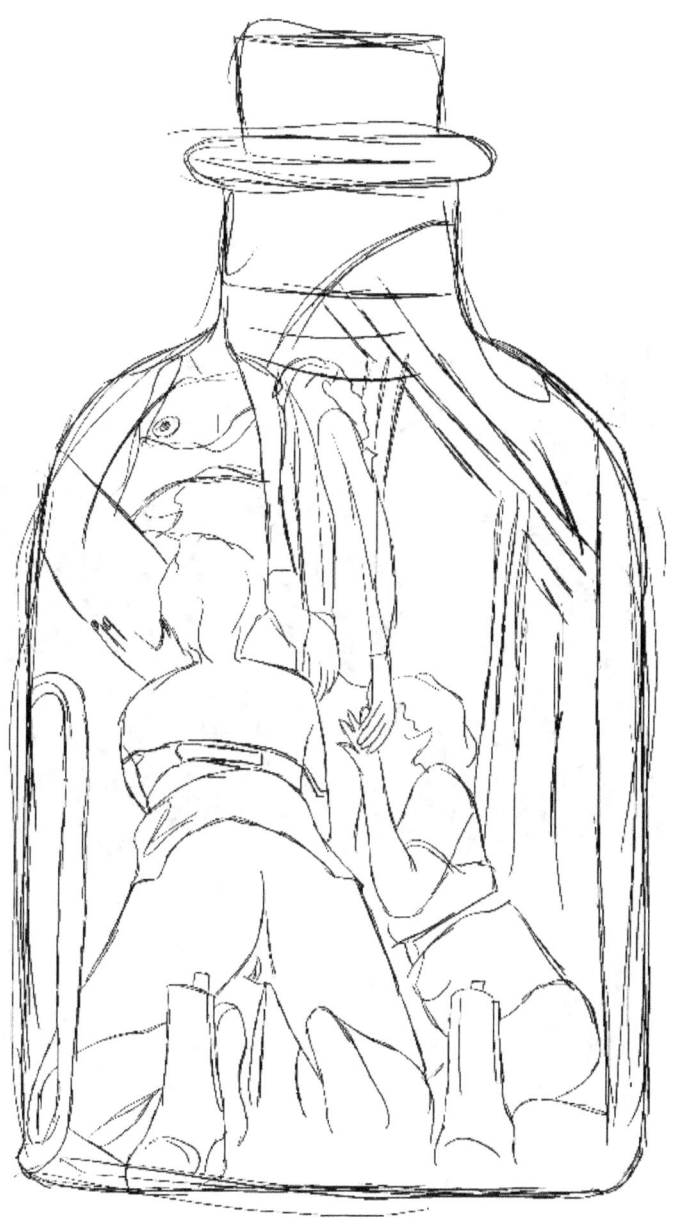

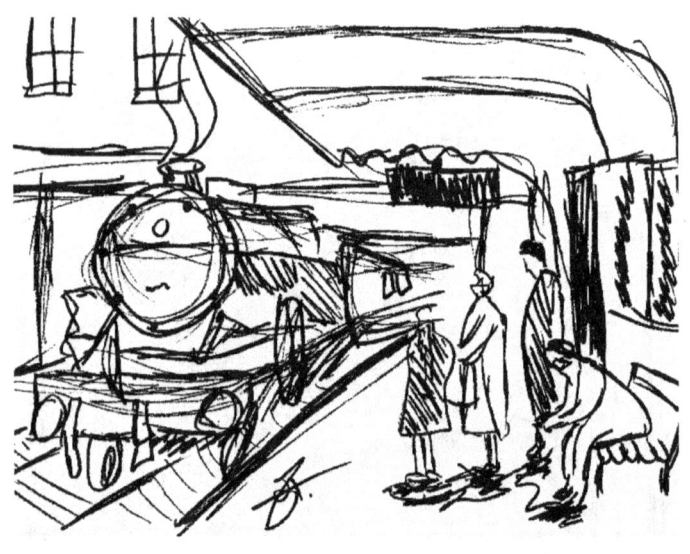

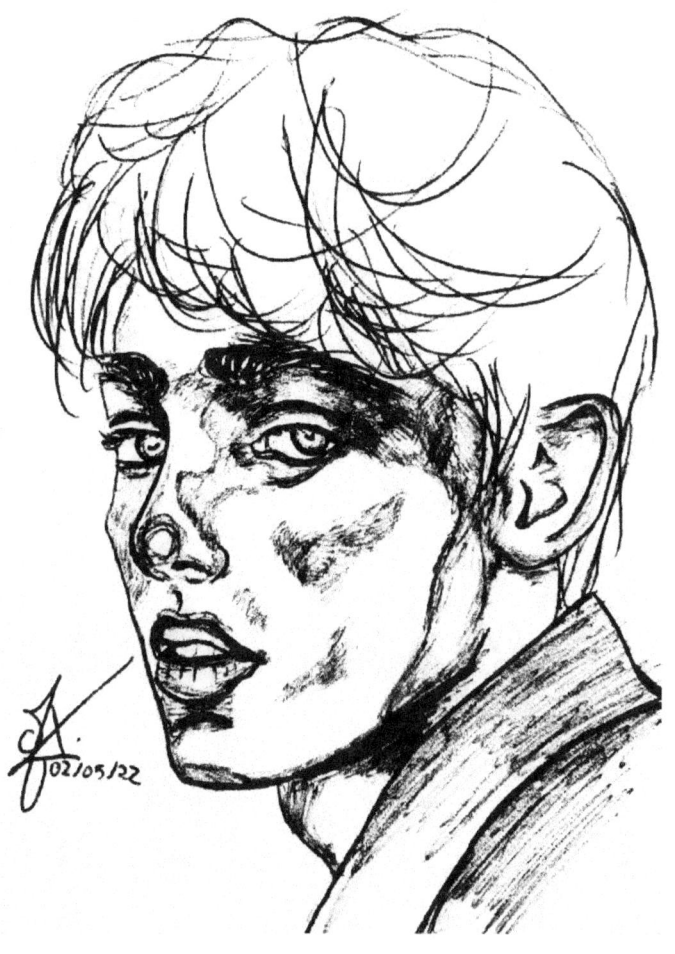

ÉCHAPPATOIRE

Dans mes nuits d'insomnie, me surprends vous parler
Abandonnant alors Morphée à sa tristesse
Songeant donc à vos bras en douceur m'enlacer
Vertigineuse étreinte en corps à corps caresse

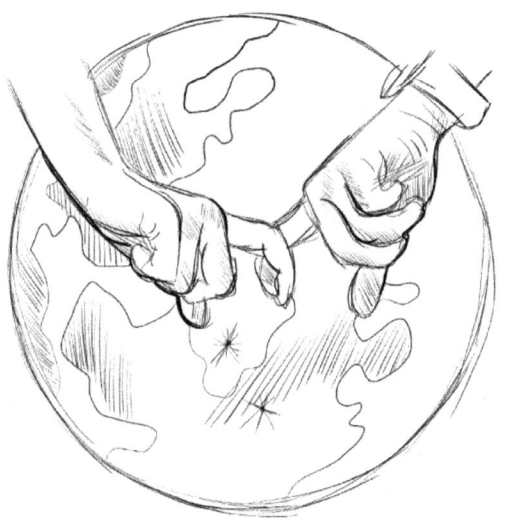

PAGE BLANCHE

Je me retrouve devant cette page blanche
Mon cœur alors en errance
Tout se bouscule dans ma tête
Des bribes, des « peut-être »

Bien présente l'envie d'écrire
Mais tout est confus
Je n'arrive point à dire
Mon ressenti non plus

Un tsunami de l'âme
Devant cette page
Des états d'âme
D'un cœur faisant naufrage

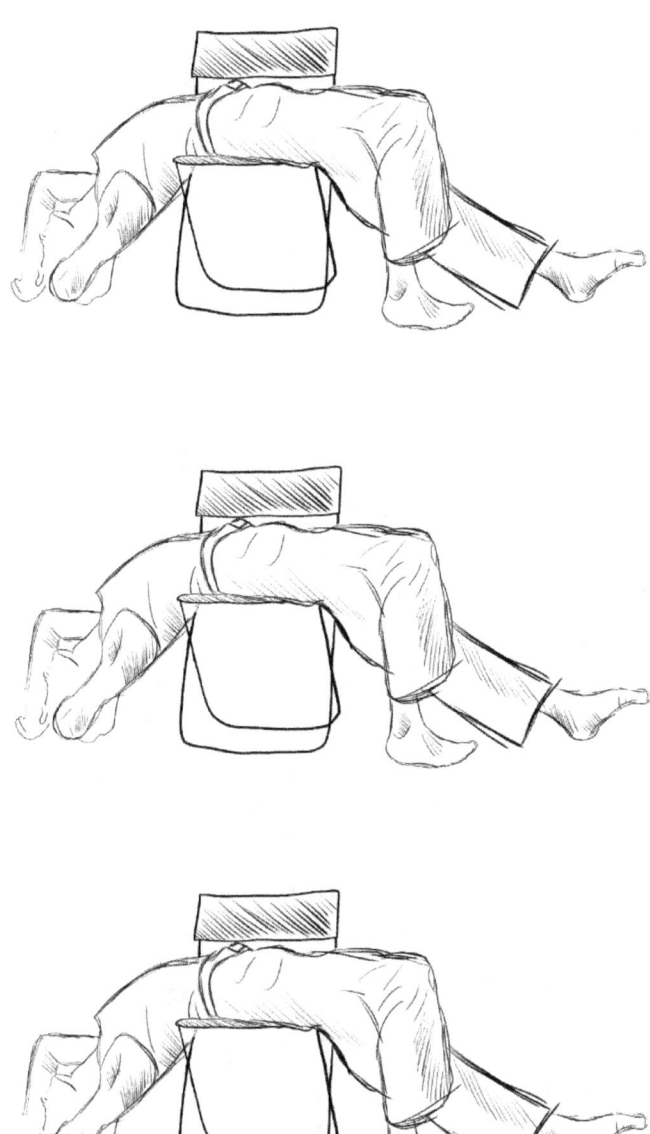

Mars 2022

INTERMINABLE ATTENTE

Je me languis de vous mon bel et tendre amour
Lasse de vous savoir si loin en Angleterre
Le temps devient bien long un peu plus chaque jour
Ma vie sans vous ici me paraît bien austère

Pas un son, une voix avec qui partager
Depuis votre départ, j'ai le cœur bien morose
Et seul votre retour pourra me consoler
Me redonnant ainsi l'espoir d'une douce pause

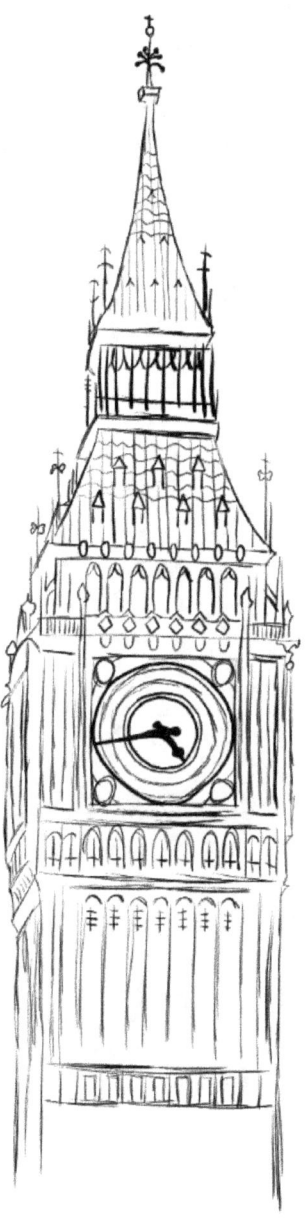

LES AMANTS MEURTRIS

Et ses lèvres m'ont laissé le goût de la tentation
En une fraction de seconde j'avais goûté au péché
D'un baiser Artémis s'en est allée rejoindre Poséidon
Tentant alors de noyer mon corps trop embrasé

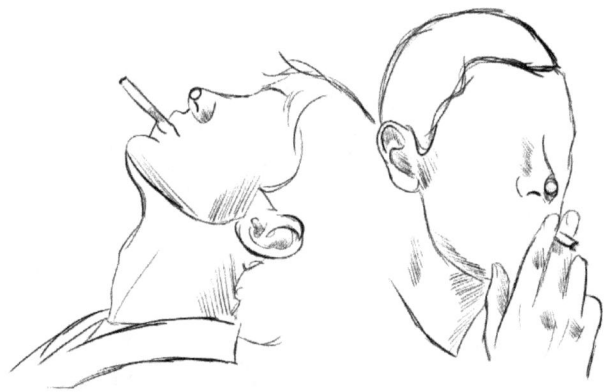

MIROIR

En un fragment de moi
Je me suis vue en toi

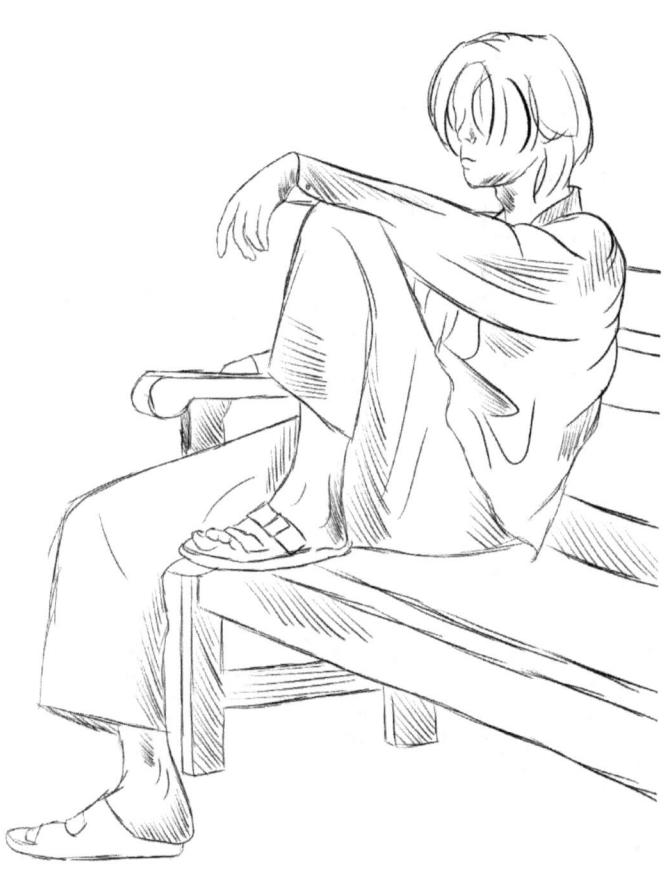

PLAIE OUVERTE

Les perles de larmes
Coulent sur ma vie
En monotonie

La pluie coule à flots
Flaques sur le goudron
Dans ce vide immense
Comme délivrance

Je rebrousse chemin
Retour dans cette maison
Tout à l'abandon

Je ferme la porte
Souvenirs m'emportent
Blessure du temps
Murmure du vent

Je m'envole
Vers une autre rive
Dans cette dérive

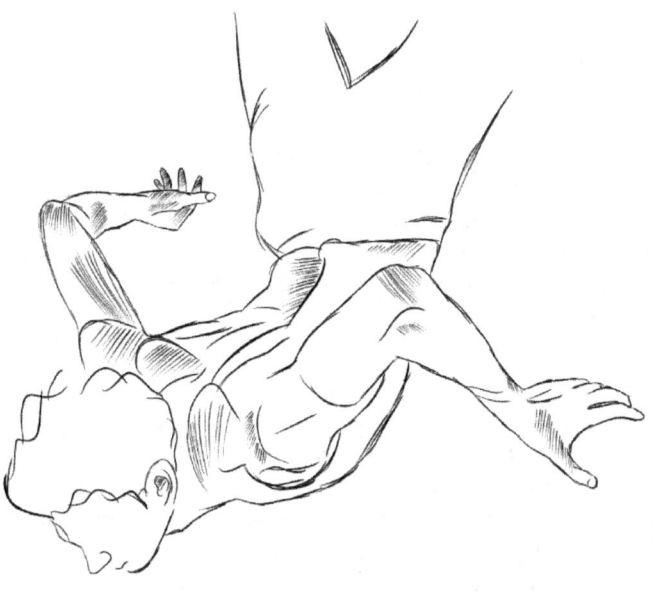

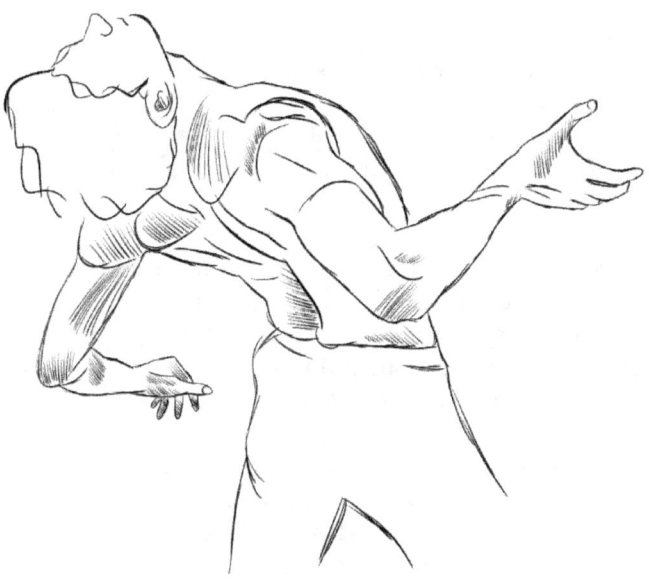

NAPOLÉON

Les rues étaient vides,
pas un Homme ; pas un rat.
Avec mon ami nous avions cherché
longuement un bar décent où se poser.
Nous sommes d'abord attirés
par une enseigne rouge vive illuminée ;
nous nous approchons d'elle,
on cherche alors activement la carte des boissons :
trop cher.
J'en viens presque à regretter mes
nombreuses sorties de la semaine.
Je ne crois pas avoir passé plus de deux heures dans
mon lit depuis le début de cette dernière ;
ainsi mes cernes bleutées auraient trouvé explication ?
Notre manque d'argent et nous-même rebroussons chemin.
Le bar d'avant n'était pas si mal finalement.
Pas très attirant mais servant des pintes à cinq euros.
-*Un Monaco et une Leffe s'il-vous-plaît.*
Une fois installés,
clope au bec,
briquets gainés et verres remplis,
nous étions prêts à converser sous le regard
de la lune rose.
Nous parlons de tout et de rien,
de nos peines de cœurs à comment nous comptons
refaire le monde.
Ah ça oui, il y en a bien des choses à changer.
Ne me souvenant déjà plus, ni du pourquoi ni du comment,
nous avons vite entamé une éloge à la Capitale.
De la bonne philosophie de comptoir que j'apprécie tant.
Soudain, un homme nous interrompt.
-*Désolé, je vous écoute depuis tout à l'heure*
et c'est beau ce que vous dîtes.
Il nous explique que c'est rare d'entendre des jeunes
vanter les bienfaits de notre chère Capitale.
Que lui, vient de Israël mais que jamais il cracherait
sur Paris. Que parfois même, alors qu'il est entouré
de sa famille et son environnement, Paris lui manquait.

« Paris me manque ».

Ses mots résonnent alors en moi comme la réponse à mes tourments.

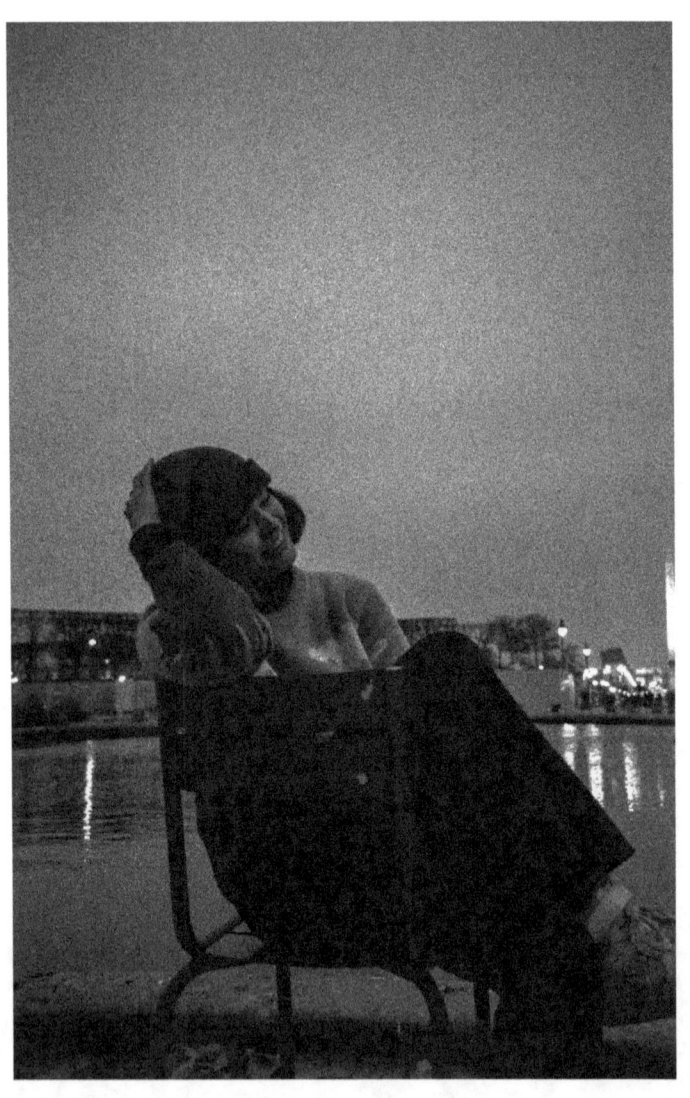

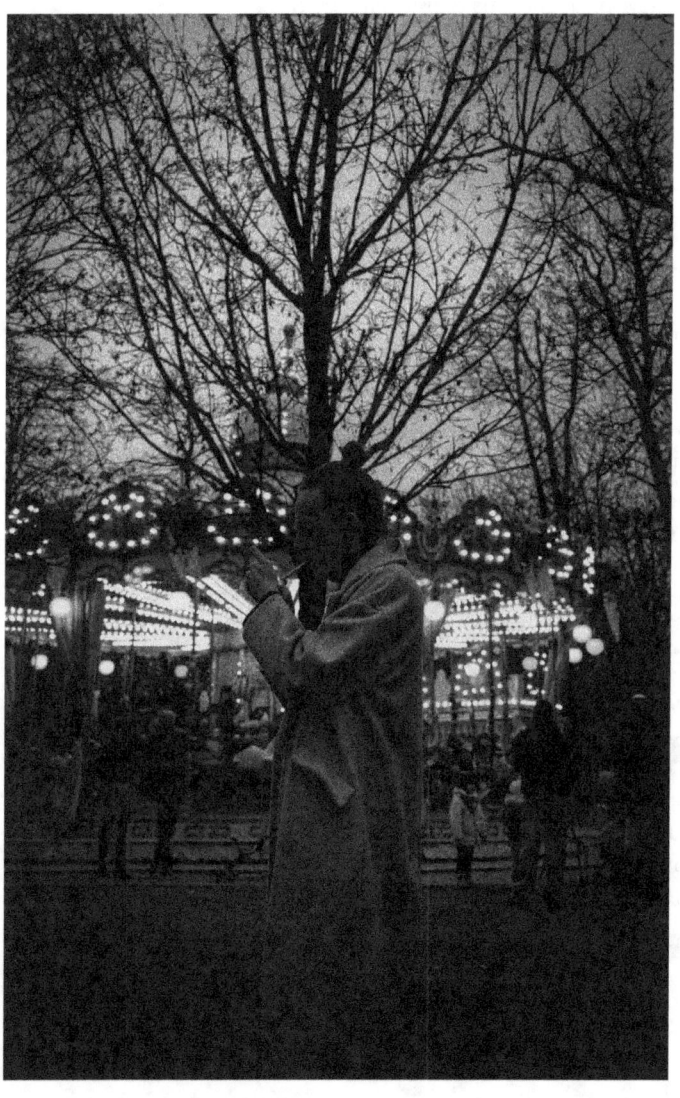

PARIS

Capitale, je t'ai tant détestée avant même de te connaître.
Tu étais pour moi ma Sainte-Hélène ;
je n'ai pas eu le choix de cohabiter avec toi,
toi et ton vacarme incessant,
toi et ton côté oppressant dans les métros,
les bus et les rues.
Oh oui je t'ai haïe.
Et pourtant,
que je t'aime maintenant.
Je ne sais pas à quel moment mes sentiments ont pris
un tel virage,
mais j'apprécie réellement ta compagnie, Capitale.
Le bruit de ta circulation me paraît bien plus doux
depuis quelques mois,
les feux rouges moins agressifs,
et les parisiens plus si pressés.
Peut-être suis-je rentrée dans le moule sans m'en apercevoir.
Paris je t'aime.
-Je ne vais pas tarder moi.
Mon ami m'extirpe alors de mes pensées.
Je regarde les aiguilles de ma montre : trois heures du matin.
Une fois de plus il était bien trop tard
ou trop tôt,
tout dépend de la perception mais
à ce moment-là je n'étais guère en état
de me décider.
Je me lève et songe à errer dans les rues
pour admirer ma tendre.

Paris je t'aime

MACHINALEMENT TRISTE

Souffrir de ne pas souffrir
Jusqu'à culpabiliser de sourire
Étrange sentiment me diriez-vous
Pourtant cela est à en devenir fou

Je sens planer au-dessus de moi
Un nuage qui sans cesse aboie
Prêt à me noyer sous un océan de pluie
Ne me laissant ainsi aucun répit

Alors je décide de me taire
Alimentant mon propre Enfer
C'est un monstrueux cercle vicieux
Qui m'emporte peu à peu aux cieux

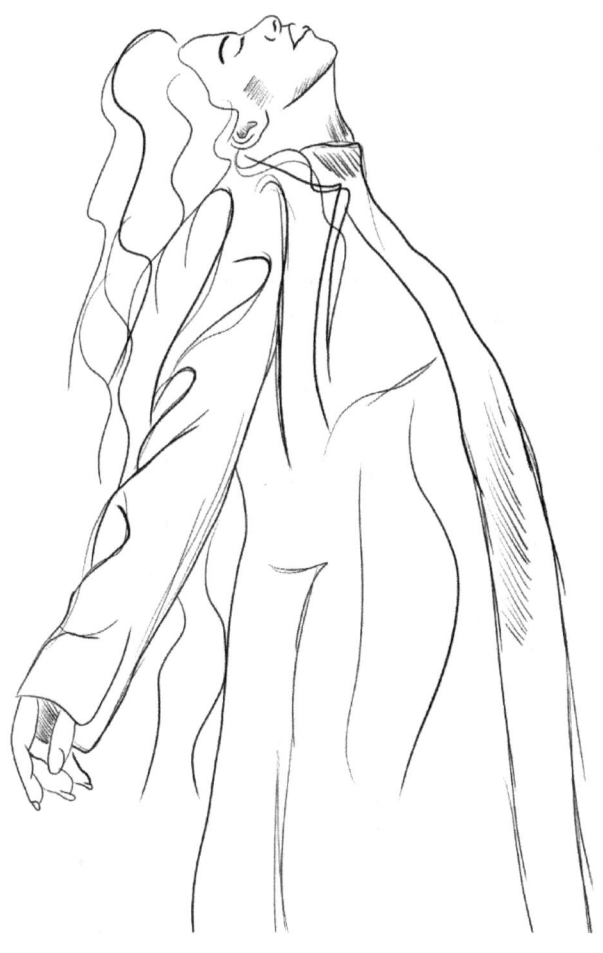

TROP TÔT

Ma douce tu étais pour ce monde
Une véritable bénédiction inespérée
Un semblant de tendresse dans l'immonde
Une lumière dans cette obscurité,

Malheureusement les esprits occultes
De ces écœurantes bestioles
N'auraient mérité de toi que des insultes,
À cet instant, once d'espoir s'envole

Frivoles humains ayez honte
Soyez rongés par de durs remords,
Seul votre cher nombril pour vous compte
Pourtant sur vos épaules vous portez sa mort

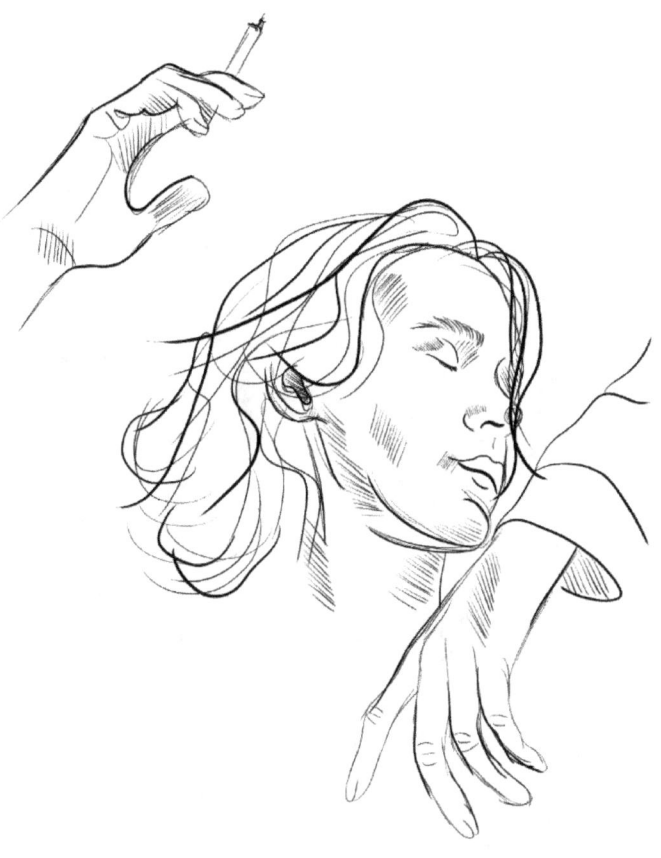

Mai 2022

AMOUR ET DISTANCE

Ma douce s'est de nouveau enfuie,
Sur ma joue ne laissant qu'une douce pluie
Et le souvenir d'un baiser passionné
Est-ce égoïste d'espérer que je te manquerai ?

De notre histoire j'en extrais parfois la quintessence
Pour la déposer dans mes carnets pleins de nuances,
De couleurs, de contrastes, et depuis peu d'amour
Est-ce ambitieux de souhaiter que cela dure toujours ?

À l'instant même où tu t'es retournée dans cette gare
Tu as plongé dans mes yeux humides ton regard
Alors tout cela m'a semblé évident, j'ai su
Ô tentatrice j'ai perdu, tu m'as eue

Malgré moi je me suis éprise de toi doucement
Me prenant de passion pour ton être inébriant.

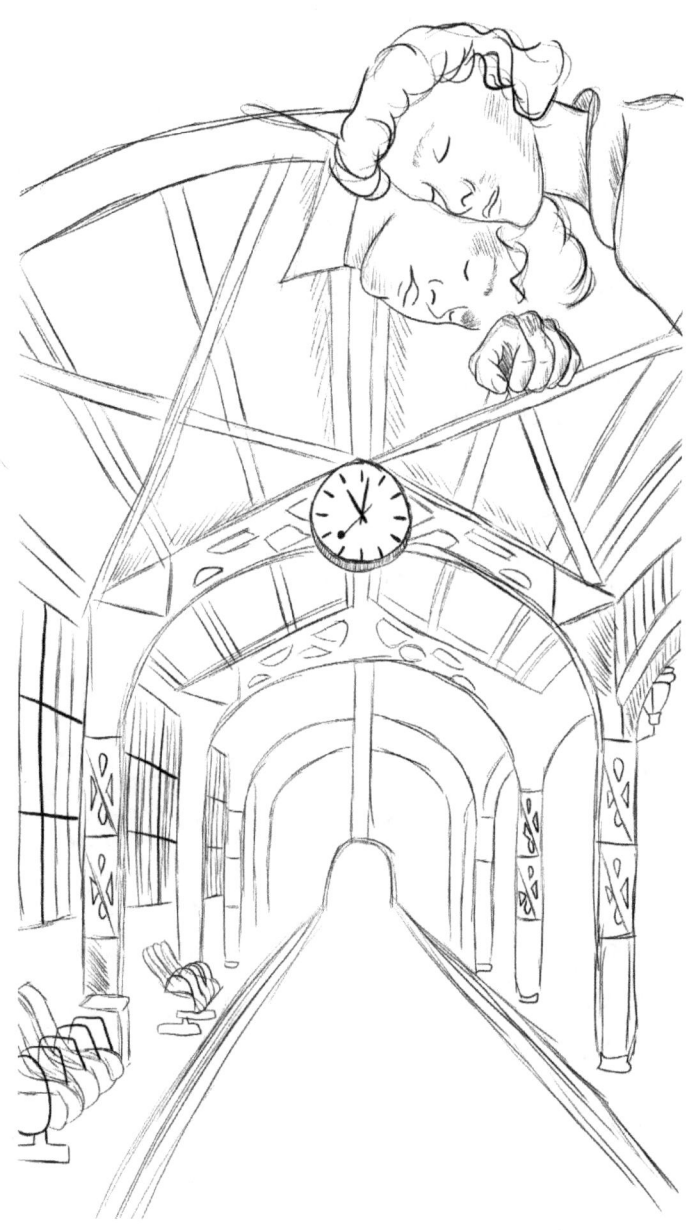

OSE !

Est-ce que j'espère que la nuit dure éternellement ?
Tu m'as posée cette question dans le poème précédent
Mais aujourd'hui ma douce c'est à moi de te demander
Sommes-nous obligées d'attendre la lune et son ciel étoilé

Pour que notre amour atteignant son acmé demeure ?
Parce que tout est éphémère les amants se meurent
D'une attente laissant un goût de punition
Tandis que nous pourrions se laisser aller à l'unisson

D'une passion qui se pourrait être une belle histoire
Ô muse de mes lignes je te prie de me croire
Notre chapitre sera le plus coruscant de ces pages
Et peut-être ne ferions-nous jamais naufrage

Des incertitudes il y en aura toujours hélas
Mais sur elles je me couche et me prélasse
Car d'un baiser mes peurs s'envolent
Et mes sentiments pour toi eux s'affolent

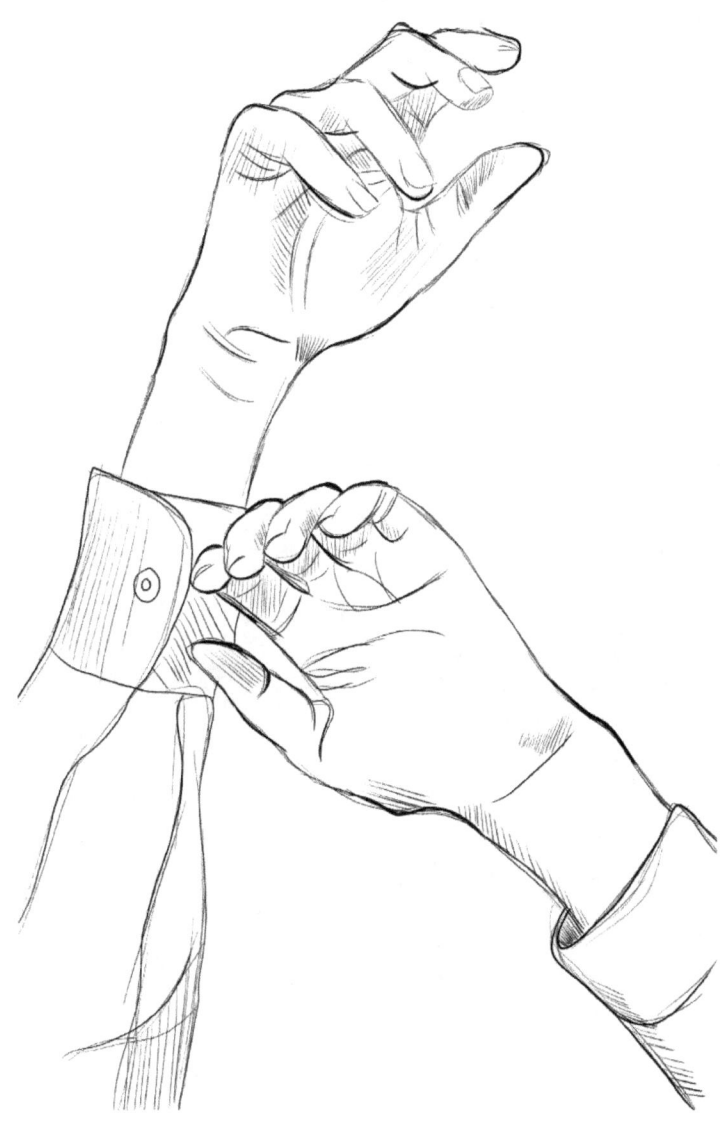

HANTE-MOI

C'était la première fois que je rêvais d'elle
Comme toujours elle arborait une beauté irréelle
Dans mon sommeil elle n'était que de passage
Interruption d'une de mes insomnies et ses mirages

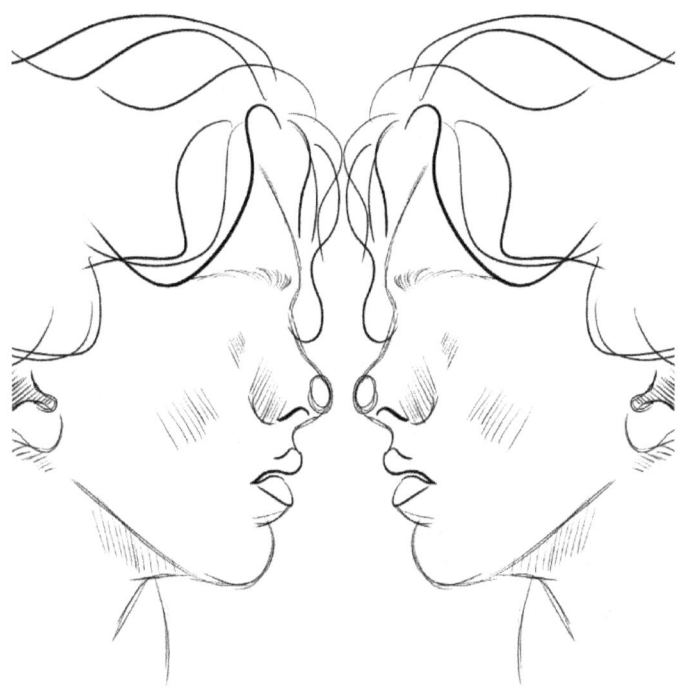

ALCHIMIE POÉTIQUE

Je me demande si je suis réellement heureuse
Ou si je me suis tant habituée à la douleur
Qu'elle me paraît presque savoureuse
Si de ma tristesse j'en ai appris la douceur

Adepte de Baudelaire j'en ai tiré les leçons
De la boue toujours en extraire l'or
On a beau trouver du bon à toutes les saisons
Que la boue obtiendra un jour notre misérable mort

Éternelle pessimiste me direz-vous
Pourtant je suis dans ce bus à observer la nuit
À apprécier l'obscurité et son dégoût
Savourer cette douce attente de minuit

L'heure à laquelle je me surprends à admirer les étoiles
Il n'y a que sous les astres que je me sens moi
Où je n'ai guère besoin de peindre des toiles
Abandonnant le superficiel pour faire entendre ma voix

Sous le ciel noir je ne semble plus si sombre
Apportez moi un miroir je n'ai pas peur
Dans la pénombre je n'ai plus besoin de fuir mon ombre
Fusionnant jusqu'à se réveillent le soleil et ses fleurs

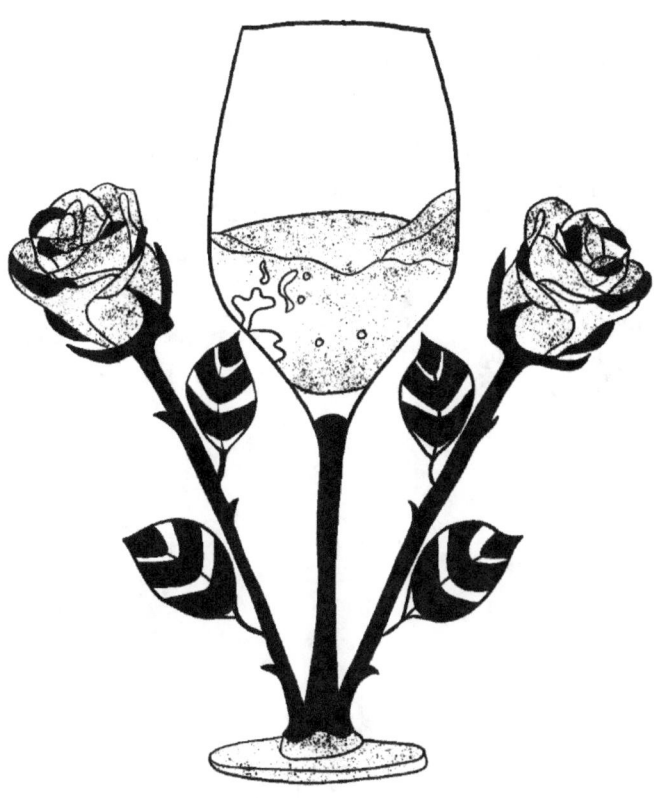

MAUVAISE GRAINE

Galatée tu ne t'es point noyée dans mes larmes
Face à mes tourments tu as brandi les armes
Nymphe à jamais je serai ton Polyphème
Et une fois de plus j'écris que je t'aime

Alors oui comme dirait Nek on verra bien
Mais un avenir sans toi ne rimerait à rien
J'ai souvent fait preuve d'humeur vengeresse
Cette fois-ci je l'ai compris il faut que cela cesse

Pour tout ce que tu as fait pour moi je te promets
De ne jamais te laisser en plan devant ce café
Bien qu'au début te croiser dans ces foutus transports
Me rappelait à quel point un monde sans toi était mort

Amante d'une nuit, amie d'une vie
Je ne pourrais jamais jouer le rôle de l'ennemie
Ensemble on oublie presque qu'on est triste
Galatée dans la nuit tu es la plus belle éclipse

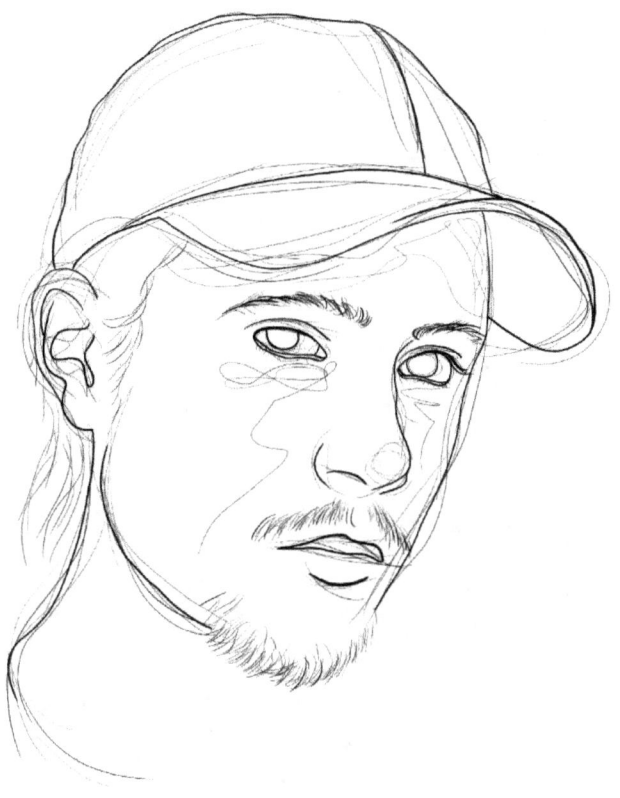

RENCONTRE SOUS LES ÉTOILES

Tes douces lèvres m'ont laissé une saveur amère.
L'amertume d'un dur « aurevoir ».
Paris n'est rien si je ne suis pas à toi
J'aimerais pouvoir voler
Vers cette nuit où je t'ai rencontrée
Dans ce bar où tout le monde avait l'air fade
Si fade comparé à toi

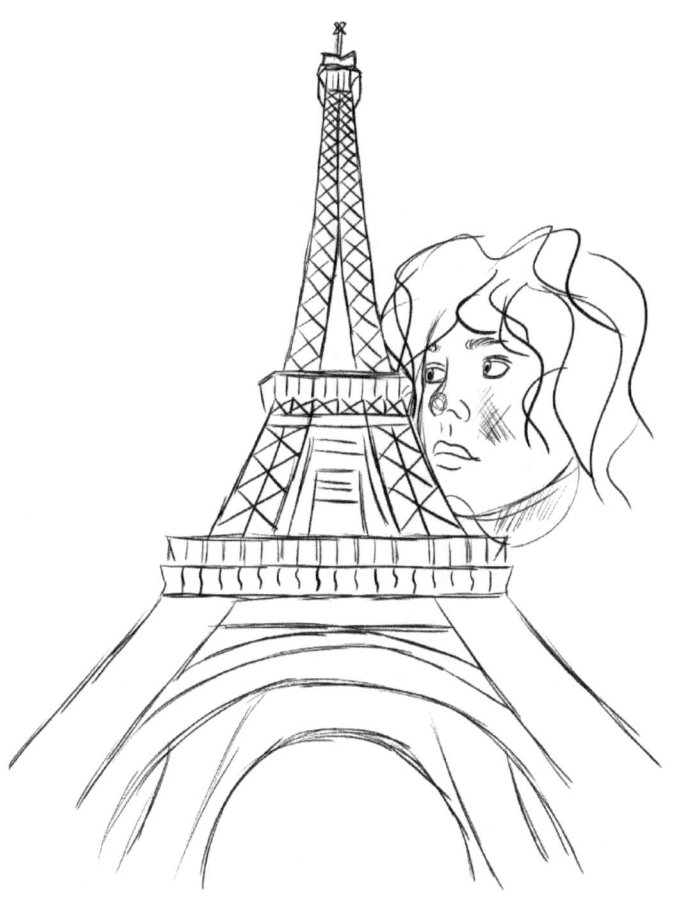

ATTENTE

De mon piano résonne la mélancolie
L'amertume de ton aurevoir d'hier,
Sur mon clavier durant toute la nuit
J'y dépose quelques notes étrangères

Espérant retrouver la douceur de ta peau
Je me souviens alors de mes doigts
Parcourant ton corps chaud
À peine voilé par tes draps de soie,

J'accompagne les notes les plus hautes
En un souvenir de nous assourdissant
Je m'abandonne sans toi et deviens ribaude
Quand rejoueras-tu de ton instrument ?

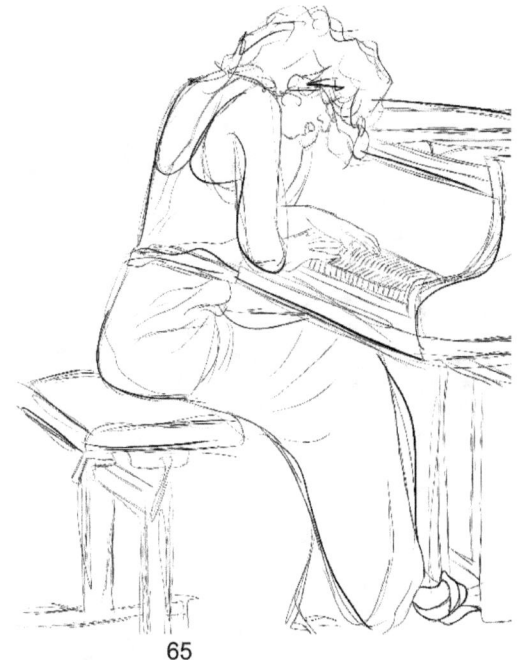

PRESQUE

Se noyer à en espérer presque disparaître

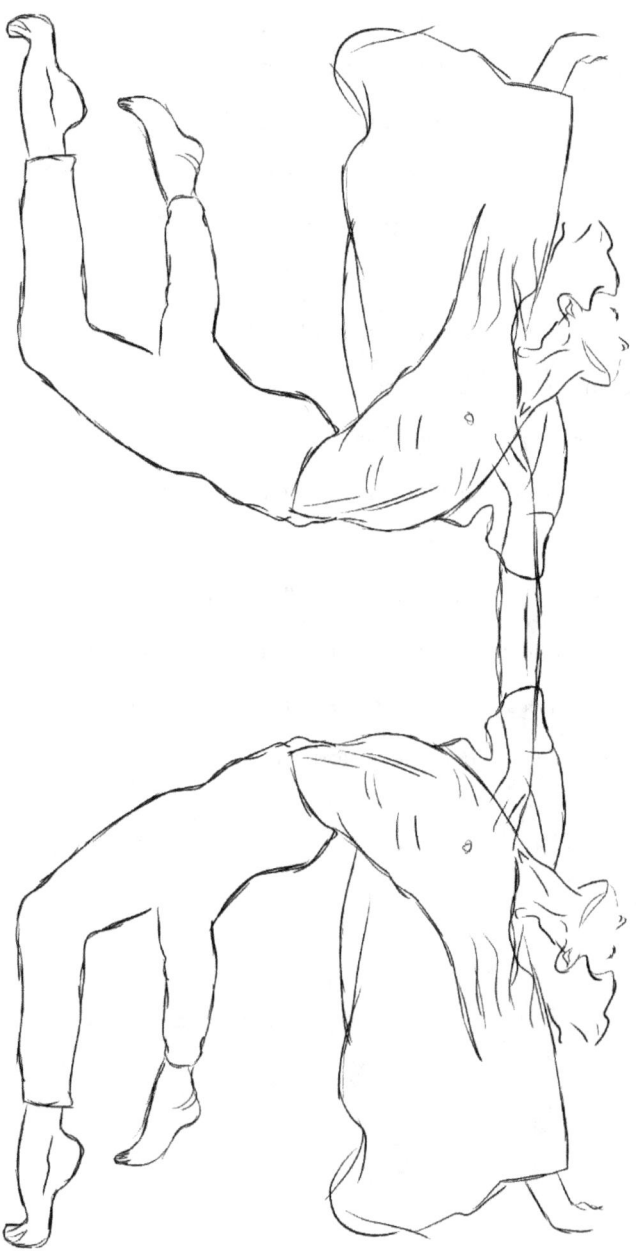

LE REGRET D'AIMER

Deux êtres depuis longtemps vagabondes

Errant sur des chemins bien différents,

Un message, nous sommes sur la même longueur d'onde

Cette fille aux traits bien attrayants

Qui ne semblait briller que par sa beauté

Avec une arrogance sans pareille,

Me surprend par sa singularité

Et met à rudes épreuves tous mes sens en éveil

Peu à peu je me suis éprise de nos discussions

Au réveil, une notification s'ensuivit d'un grand sourire

Puis peau à peau je suis prise de pulsions

Me voilà à l'égard de cette douceur, pleine de désirs

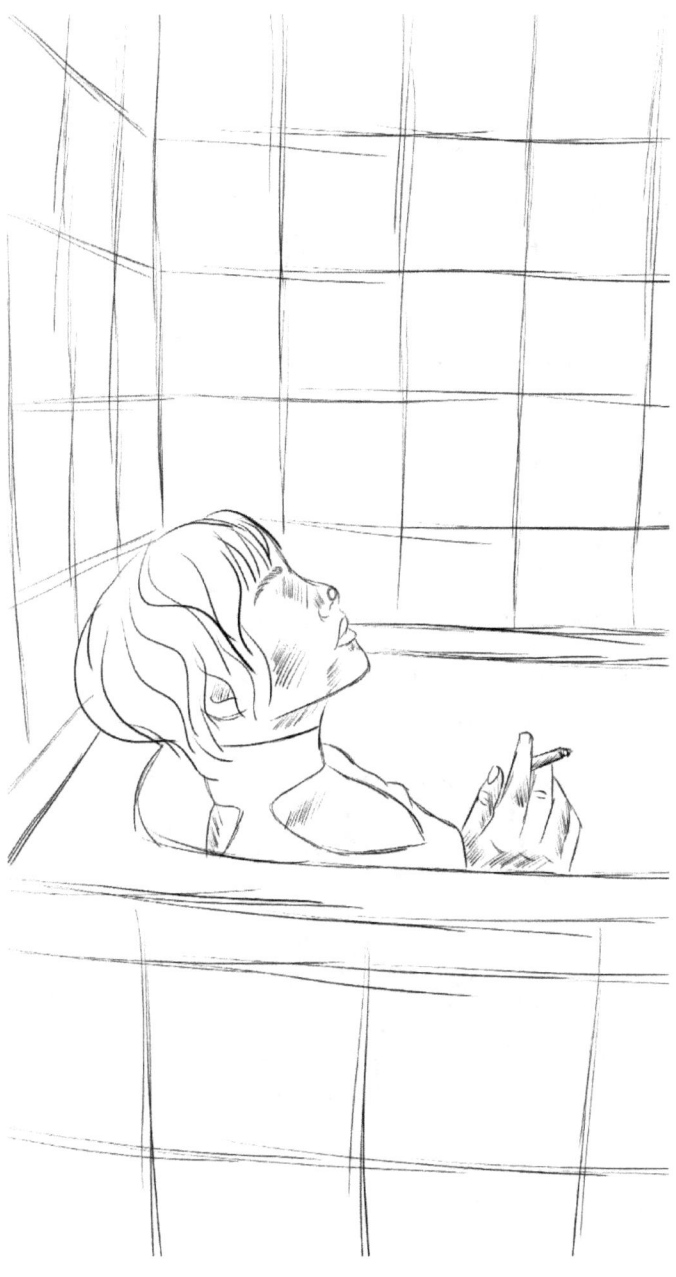

ÉVIDENCE

Je me souviens de ses étoiles habillant son regard

Elle était resplendissante à plus d'un égard

Et j'adorais lui voler de ses lèvres la couleur

D'un rouge empli de toutes les chaleurs

Je me vois encore dans ce métro

J'étais stressée à tous les niveaux

Tu m'intimidais tant

Et pourtant

À la seconde même où je t'ai aperçue

Nous n'étions plus des inconnues

Ton sourire a chassé mes craintes

Et à m'abandonner à toi je n'émis plus de complaintes

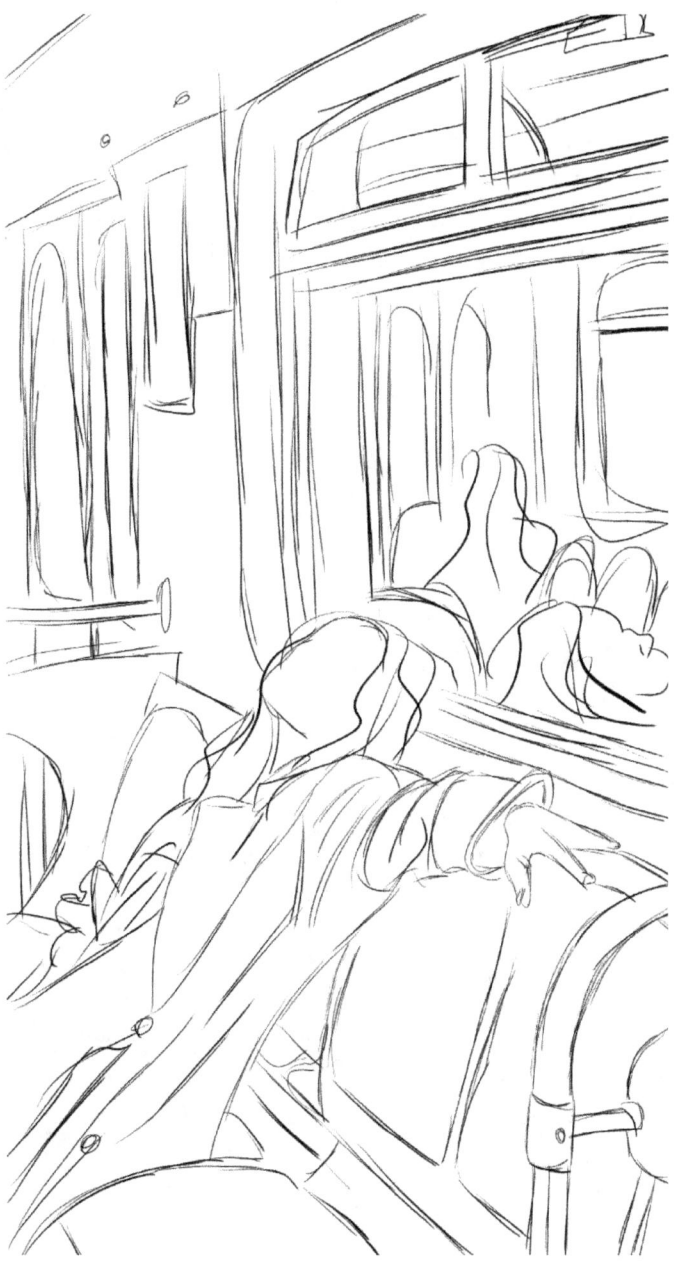

L'AMOUR DE L'ART

Unique muse de mes jours

Est-ce ambitieux de penser que je suis unique ?

Ingrate maladie de l'amour

Me torturant autant que m'adorant, pathétique

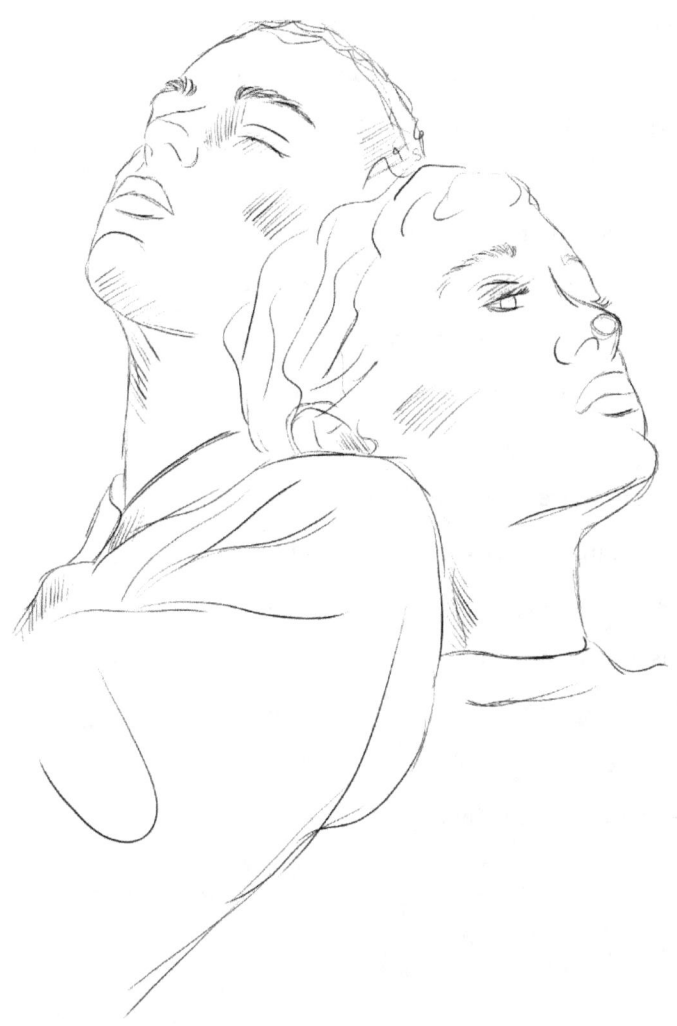

IMPRÉGNATION

C'était la première fois que je rêvais d'elle

Elle arborait encore une beauté irréelle

Dans mon sommeil elle n'était que de passage

Interruption de mes insomnies et leurs mirages

Rivages de sentiments m'emportent

Je ne sais si je l'aime ou si elle m'insupporte

Peut-être même un peu des deux

Je tuerais pour que sur moi elle pose les yeux

Douce violence de lui faire la cour

Espérant malgré moi en obtenir son amour

Est-ce que j'occupe ses pensées ?

Dans les miennes elle n'y fait que danser

Durant le jour et la nuit

Hier comme aujourd'hui

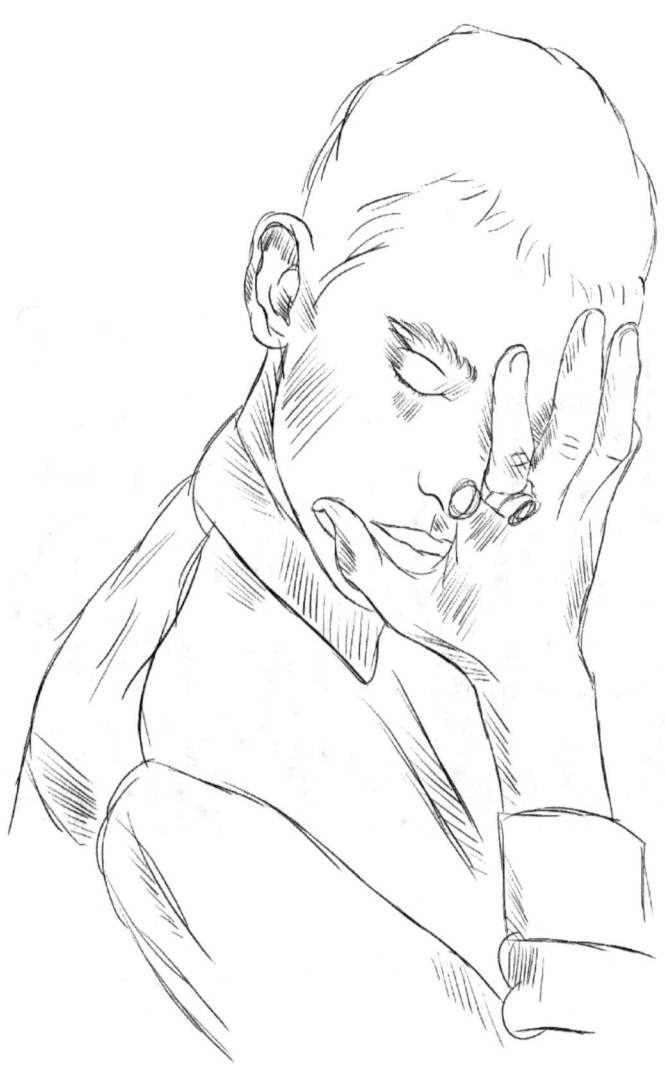

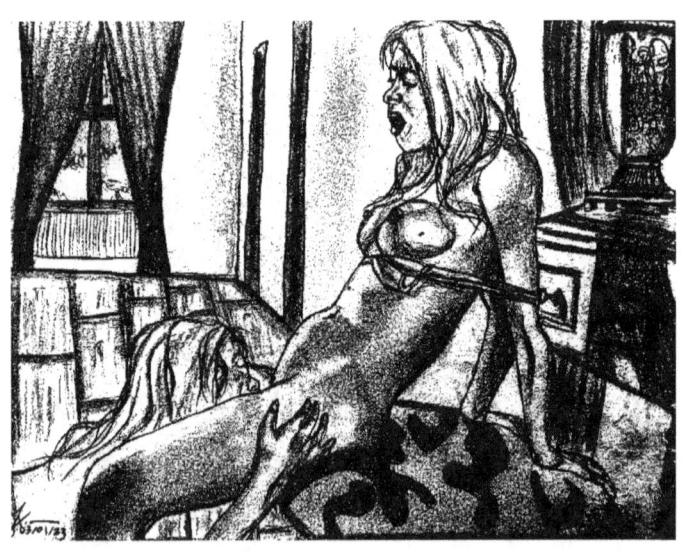

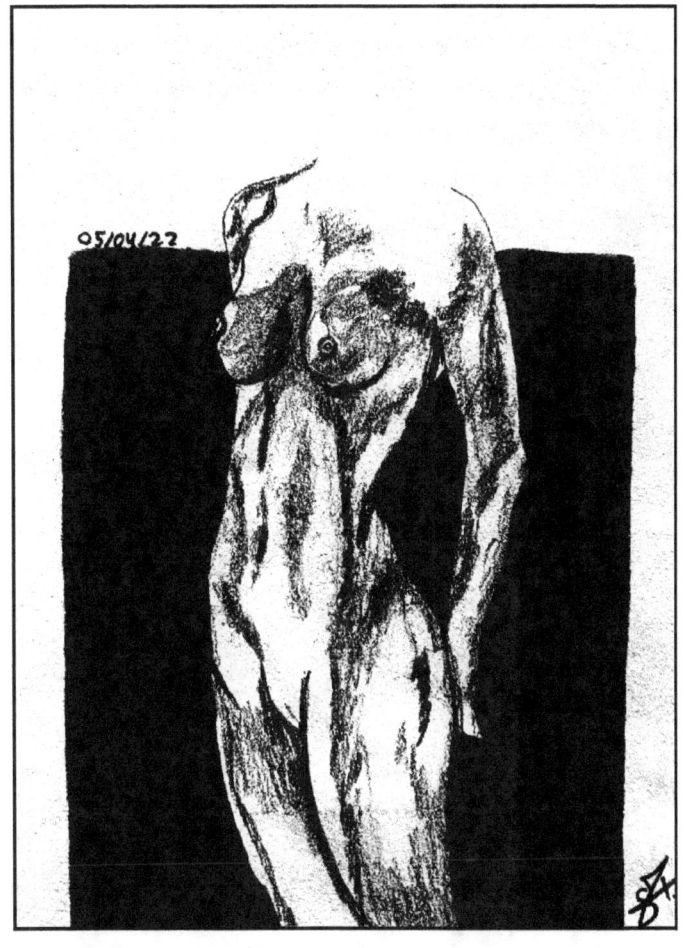

Août 2022

DÉLECTATION

Le doux velours de leurs pétales

Exhale un parfum si sucré

Sculpturales roses nacrées

Envoûtée par votre beauté

De vos charmes secrets s'étirent

Belles dames de nos jardins

Tentatrices de nos désirs

Du crépuscule au clair matin

Vous dansez la ronde des dieux

Sous la lumière des cieux

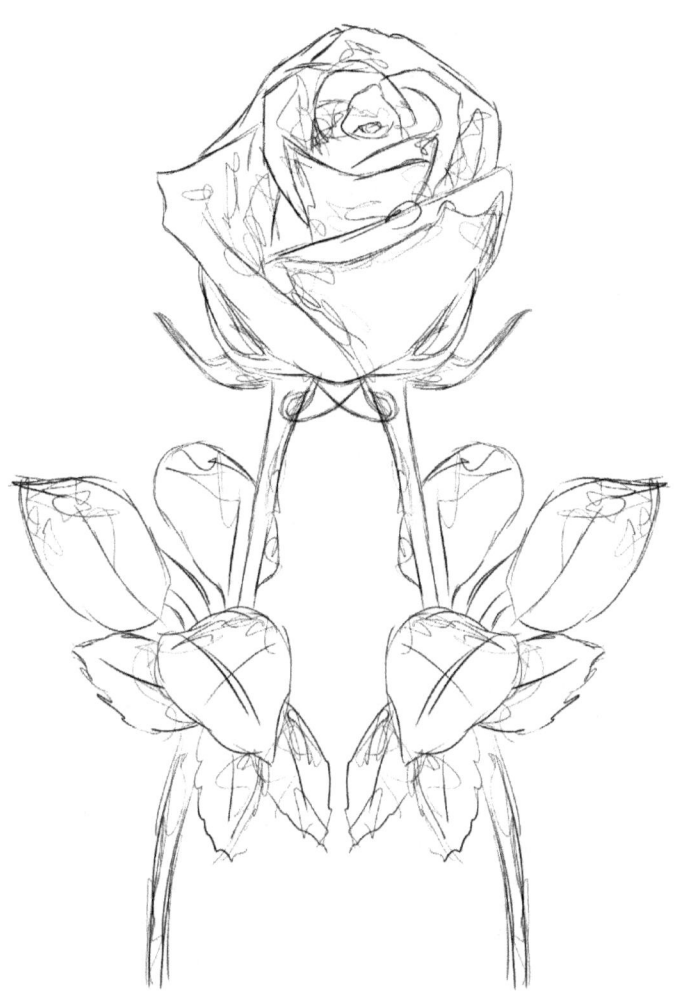

PASSION POÉTIQUE

Écris-moi la couleur des fleurs

Celles que sur mon être tu poses

Venant de ta plume la prose

Que tu liras avec douceur

Poétiques nuances de mon envie

Avec toi je deviens frivole

Un baiser de ma bouche vole

Mon triste cœur désormais fleuri

Dans cette nuit, y graver ton empreinte

Dans un dernier frisson une dernière étreinte

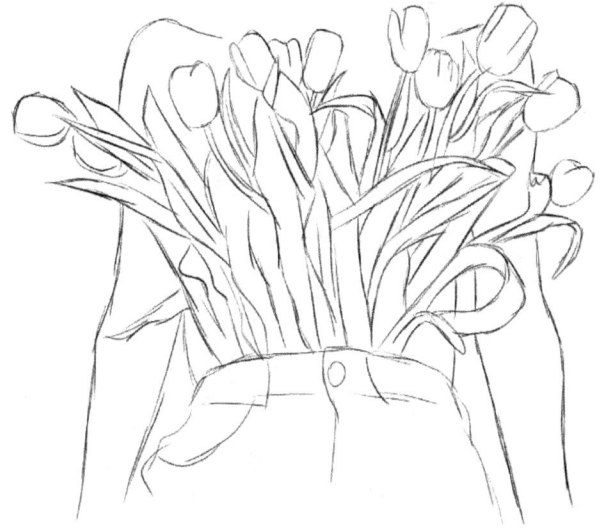

MANQUE

Cigarette entre les lèvres

Quelques notes sous mes doigts

Sur mon piano j'exprime la fièvre

D'une nuit passée avec toi

À mon réveil tu as quitté mes draps

Insomnie me vole ma muse

Rêve d'une soirée dans tes bras

La lune se moque, avec moi s'amuse

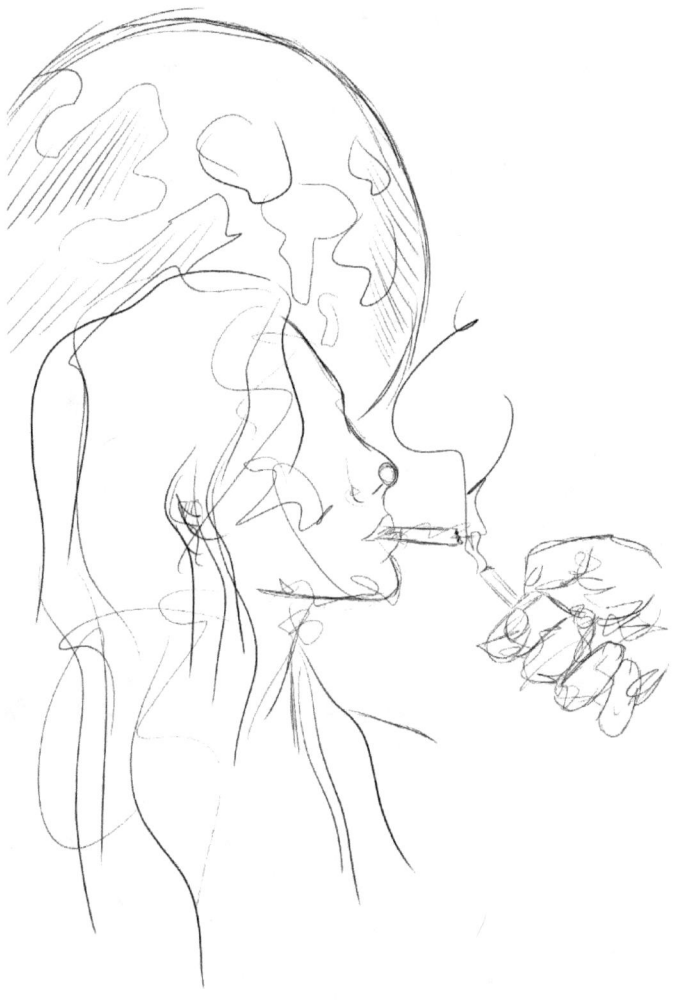

REJET

De ta diatribe impertinente tu m'as condamnée

Tantôt bafouée, tantôt injuriée et parfois frappée

Dangereuse incurie a désormais éclos en moi

Prenant possession de tout mon être et mon émoi

Si bien qu'aujourd'hui m'effraie mon propre miroir

Cruelle mère, entendez-vous mon désespoir ?

Moi qui jadis était animée par une alacrité sans pareille

N'espérant dorénavant qu'à trouver le sommeil

Génitrice je vous remercie tout de même

De m'avoir imposée pour anathème

Un inespéré bannissement cathartique

Me laissant entrevoir un futur plus idyllique

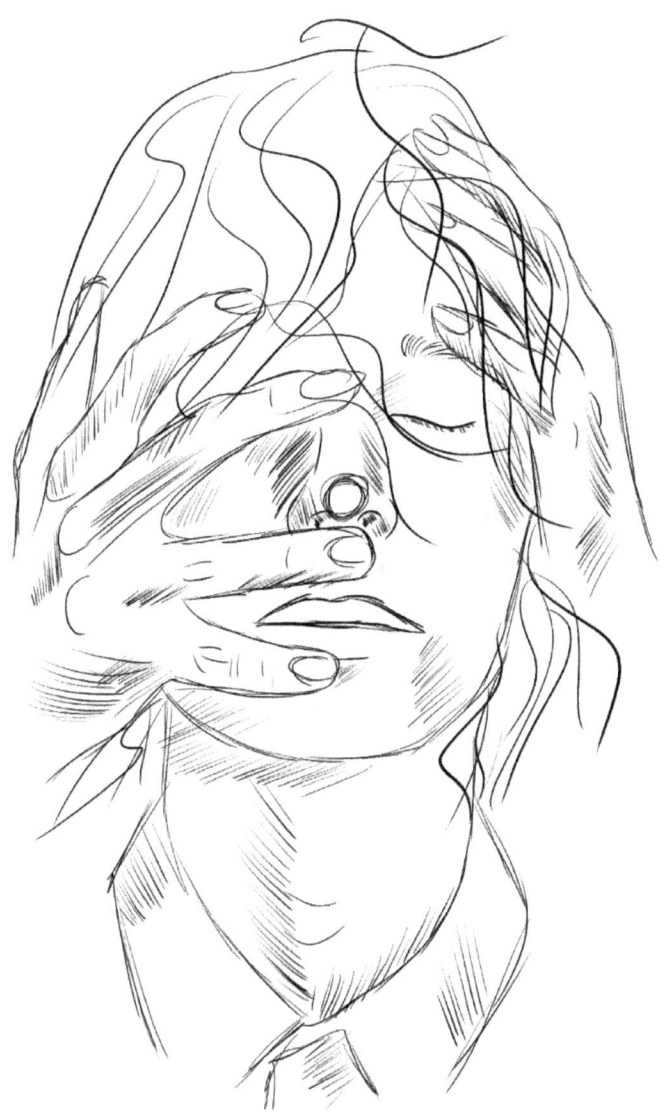

DÉSILLUSION

Il y a des relations pathétiques

Comme des relations oniriques

Des filles enveloppées d'un doux calice

Te donnant l'espoir d'un oaristys

Puis un jour cette délectable passion

Se métamorphosera en aliénation

Emportée par les vents alizés

De deux malheureuses âmes brisées

Ne laissant que de vagues souvenirs

De l'exquis son de vos bruyants rires

Pluie et soleil découvrent un ciel iridescent

Larmes et joies se confondent durement

Durant le jour et la nuit

Hier comme aujourd'hui

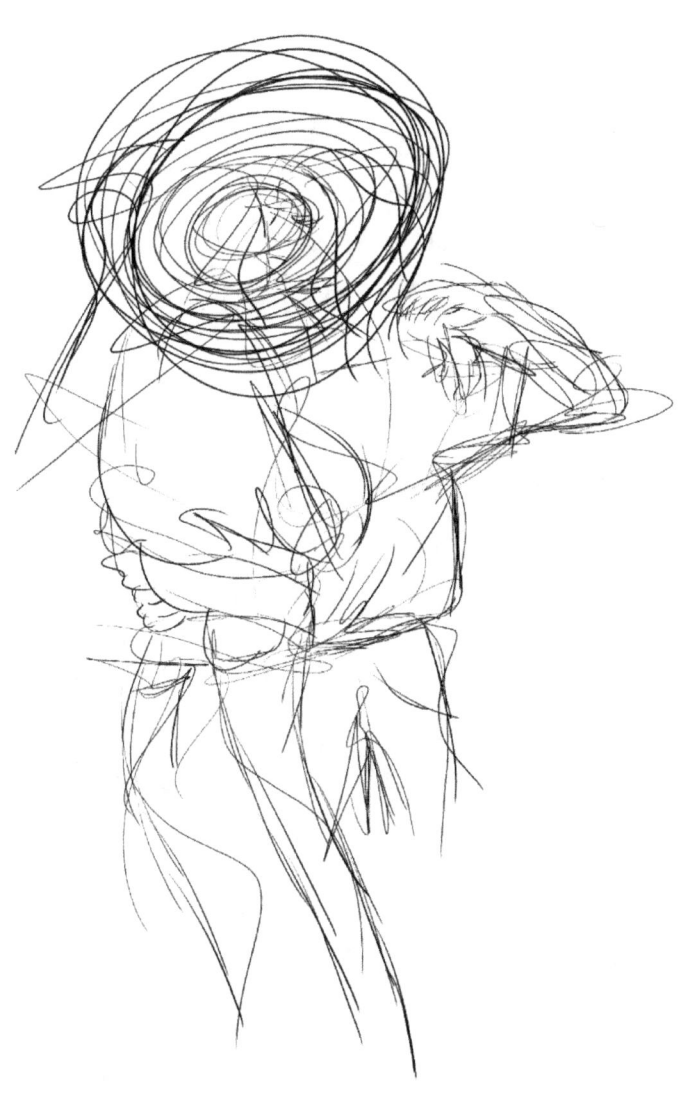

DÉPRESSION

Lui qui arborait le plus radieux des sourires

Affichait dorénavant un air triste et atrabilaire

Battu et abattu il se voit déjà mourir

Pourrir encore et à la lypémanie adhère

Nulle trace du moindre désir et plaisir

Lui qui était heureux naguère

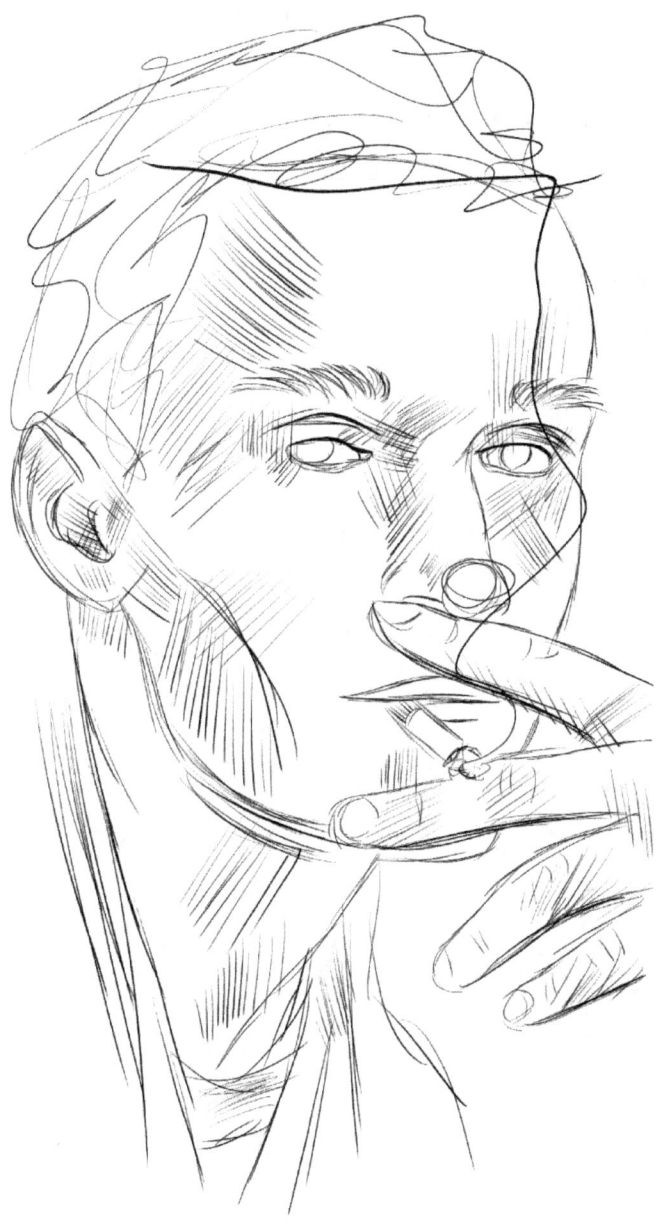

GRÈCE

En pénétrant le temple d'Athéna j'ai compris

Que je n'avais point besoin de m'exiler

Pour trouver la déesse de mes écrits

Loin de toi et de tes bras je me languissais

À mon retour de t'enlacer

Puis tendrement t'embrasser

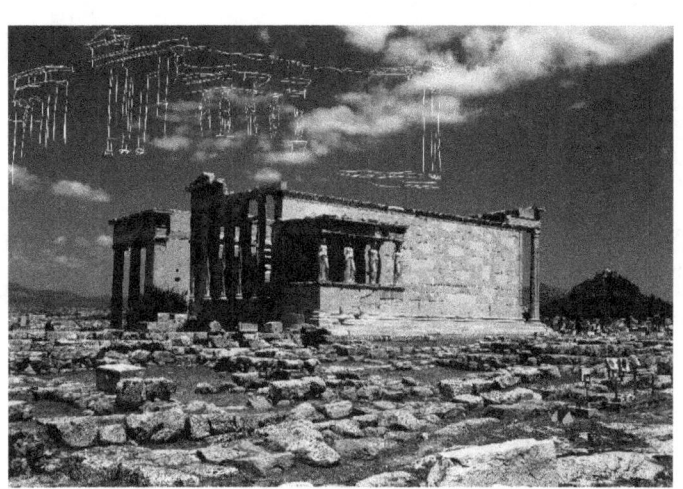

DES COULEURS DANS LE CIEL

Traversant un bain de coton je m'envole

Époustouflant ce paysage frivole

Je finis par me perdre dans mes pensées

Avec toi j'aimerais tout survoler

Une merveille et c'est ton visage qui me vient

Je me remémore ton rire enfantin

À travers le blanc des nuages tu m'animes

M'inspirant une fois de plus quelques rimes

Bien trop simplistes à mon goût

Mais rédigées sans aucun tabou,

Pas le moindre artifice pour t'écrire mon amour

Et exprimer la hâte de ton retour

À très bientôt

Le mieux sera le plus tôt

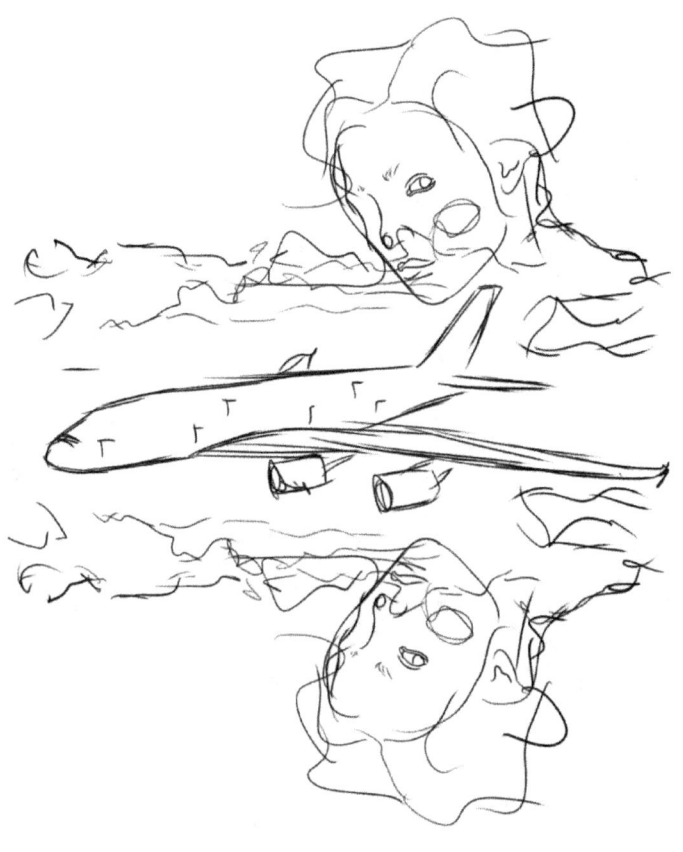

MUSE

Dans cette terrible ivresse de l'amour

Je m'y perds parfois malgré moi

Je conte alors dans un livre nos jours

Pour me remémorer de mon cœur en émoi

Lorsque la chaleur de l'été s'enfuira

M'aimeras-tu dans la fraîcheur de l'hiver ?

Feras-tu de notre histoire une analepse sans éclat

Ou bien écriras-tu de nouvelles lignes dans ma chair ?

Maureen Marescaux

LÂCHER PRISE

Dans les nuages j'aimerais parfois faire naufrage

Naufragée de mon imagination et de ses formes

S'articulant dans ces cotons blancs en un mirage

Je m'abandonne désormais à ce doux rivage

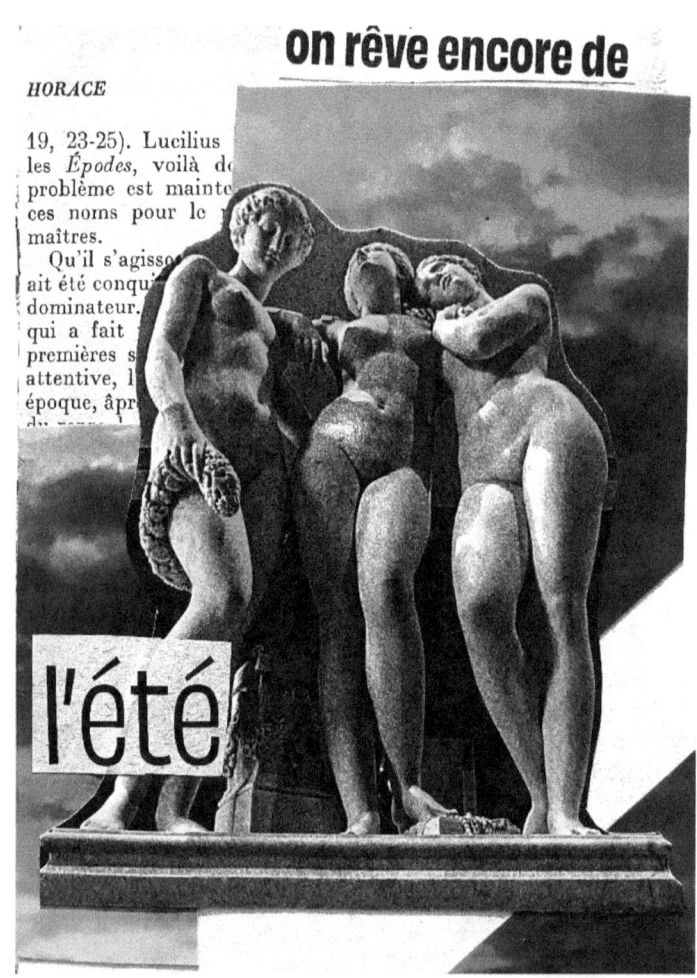

on rêve encore de

19, 23-25). Lucilius
les *Épodes*, voilà d
problème est mainte
ces noms pour le
maîtres.

Qu'il s'agiss
ait été conqu
dominateur.
qui a fait
premières s
attentive, l
époque, âpr

l'été

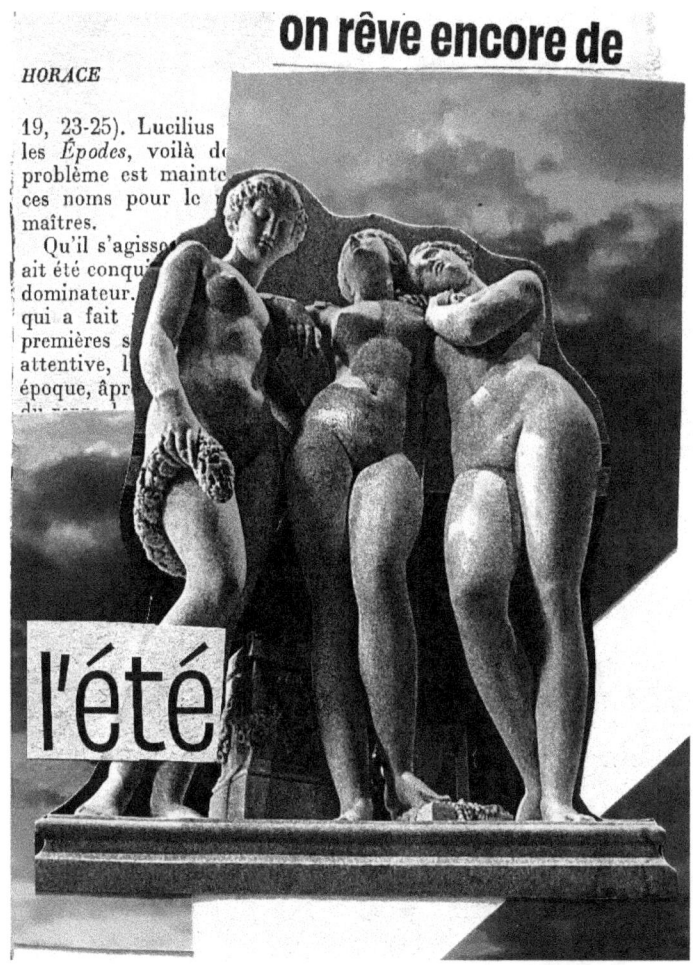

APAISEMENT

Atrabilaire j'observe la nuit et ses étoiles

Comme une lueur d'espoir dans la noirceur

J'encre quelques pages sous le regard de la lune

Ici sur le bord de ma fenêtre pendant des heures

L'astre de la nuit éclaire donc mes cauchemars

Apaisée j'ajoute de la couleur à mes carnets

Il est déjà bien tard et je fais de l'obscurité tout un art

Je me laisse désormais aller à mes pensées

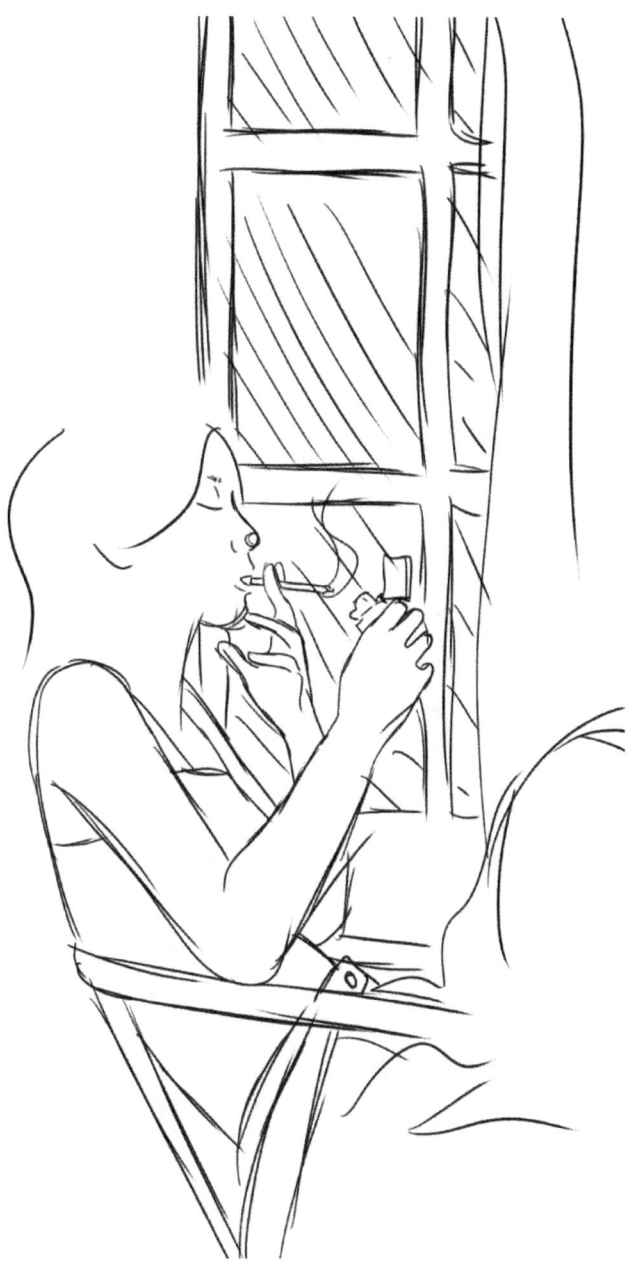

ABANDON

Sur le bureau, des livres

Des rimes

Et les mots m'enivrent,

Richissimes

À côté, des fleurs fanées

Le jaune

Des tulipes abîmées

Prône

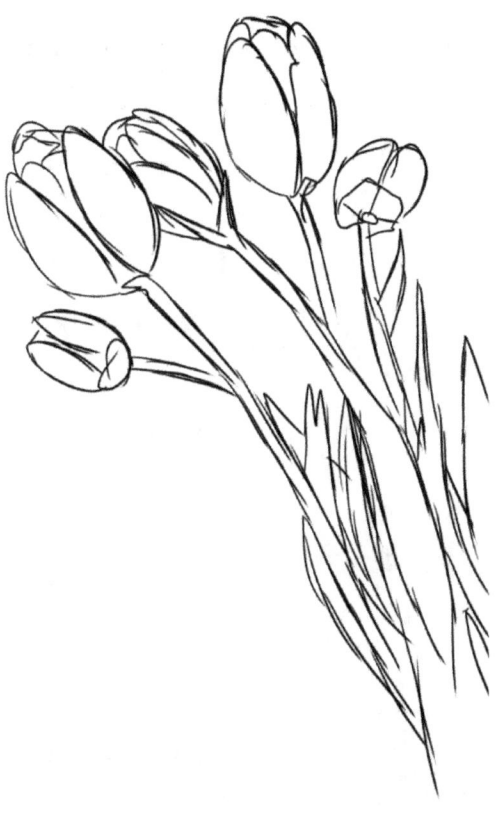

NOSTALGIE

De mon premier amour il ne m'en reste que les fleurs

Des tulipes jaunes d'une telle douceur

Je me souviens en avoir aimé la simplicité

Uniques dans leur banalité

Comme une allégorie de notre amourette passée

Un parfum encore aujourd'hui inégalé

OBSCURE LUMIÈRE

Condamnée à perpétuité
Damnée par une douleur viscérale
Comme prisonnière d'une boucle infernale
De ma vie j'aimerais parfois abdiquer

Pourtant je me surprends encore à rêver
Je pose ici et là l'encre comme une délivrance
Car par écrit je peux mettre un point à ma souffrance
Pas de suspension ou de fin à envier

Je me cache derrière un faux pessimisme
Ne voyant en réalité qu'un bonheur sous ce prisme

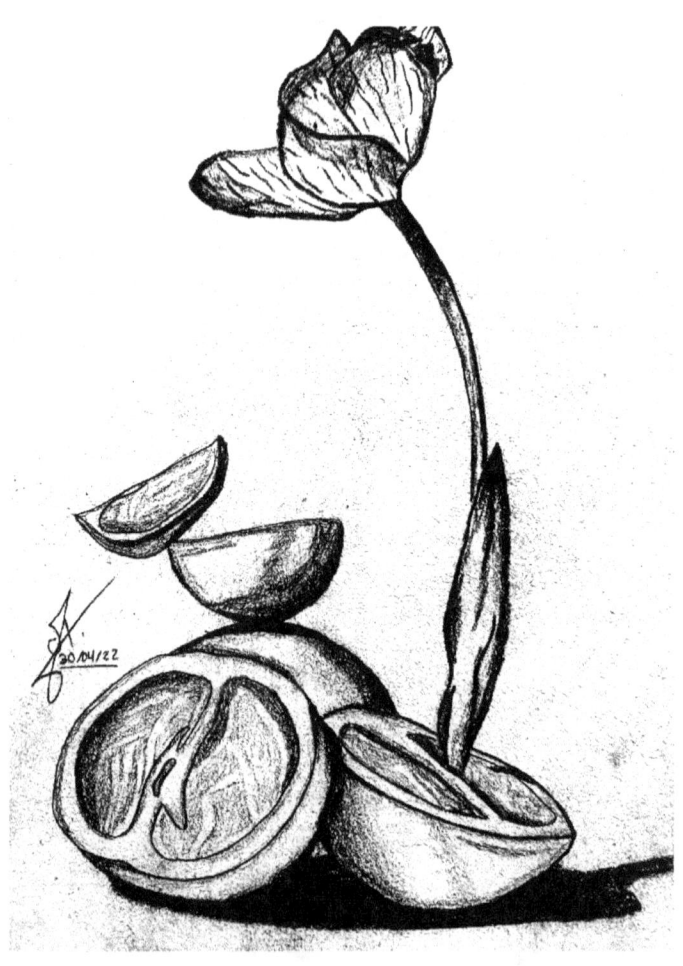

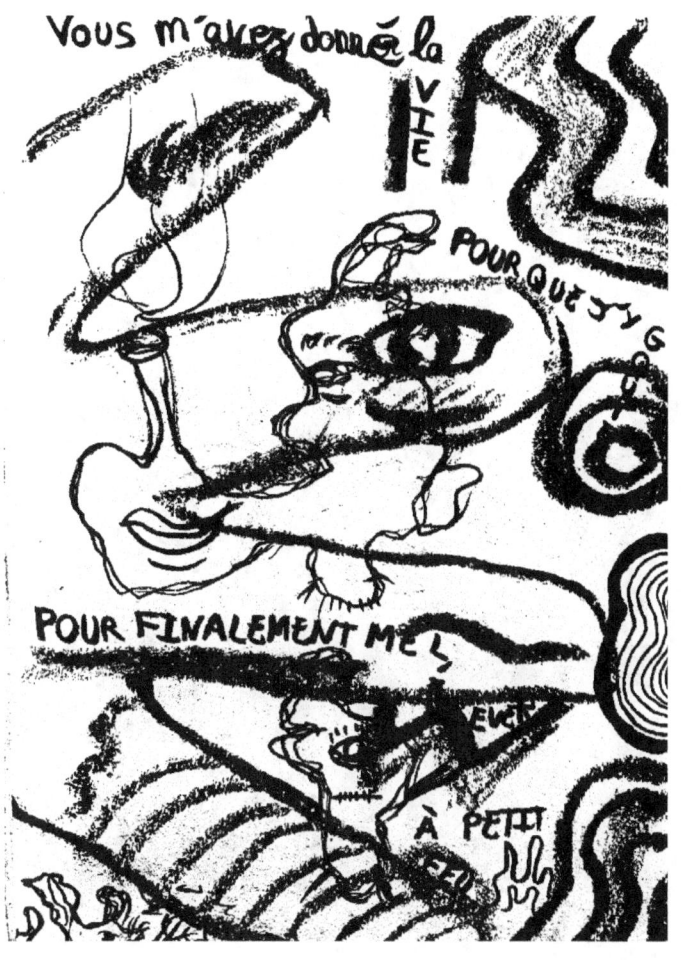

Décembre 2022

Maureen Marescaux

« JE N'AVAIS PAS COMPRIS »

« Tu n'es qu'une pute
Une fille de joie en rut »
C'est bon j'ai ton attention ?
Tu es tout ouïe à tes pulsions ?

Ce mot qui te pend aux lèvres
Comme pris d'une fièvre
Utilisé à outrance
Responsable de tant de souffrances

Pour un oui pour un non
Pour le refus de jouir ton nom
Ou l'incapacité même de bouger
Apeurée, torturée, violée

Une insulte qui n'en est pas
Qui ne demeure que dans vos débats
Misandre ou simplement femme
Qui doit vivre auprès de vos êtres infâmes

Jugée coupable de porter une jupe
Il n'y a que cela qui vous préoccupe ?

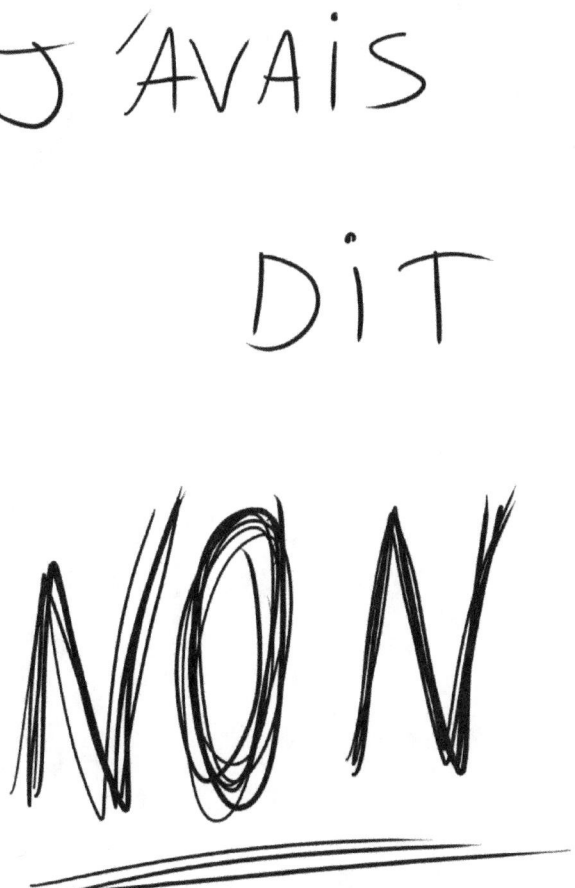

OXYMORE

L'écriture comme cathartique
Parfois plus simple de se blottir dans l'artistique
Des vers, des rimes et des alexandrins
Avec un certain dédain

Se dédouaner de tous nos sentiments
Déni ou châtiment ?

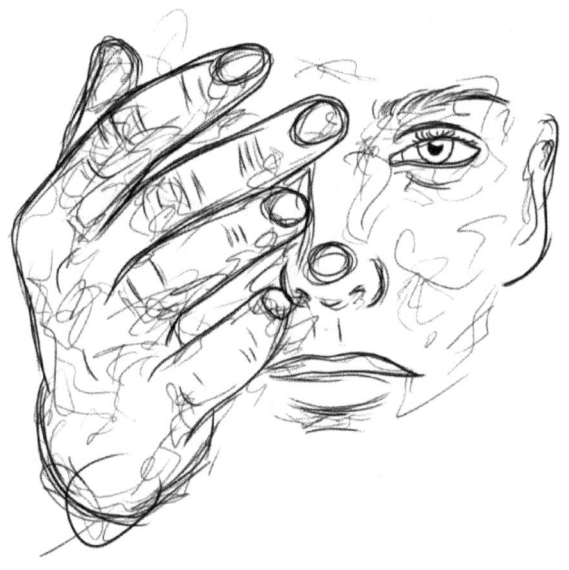

CONDAMNATION

L'Art est mon propre enfer
Tous les jours la même guerre
Un cercle vicieux sans fin
L'écriture, la peinture ou le dessin

Il fait mon bonheur comme mon malheur
Calme et accentue mes peurs
M'enferme dans une déréliction sans pareille
Nourrit tous mes sens en éveil

Oui l'Art est ma douce damnation

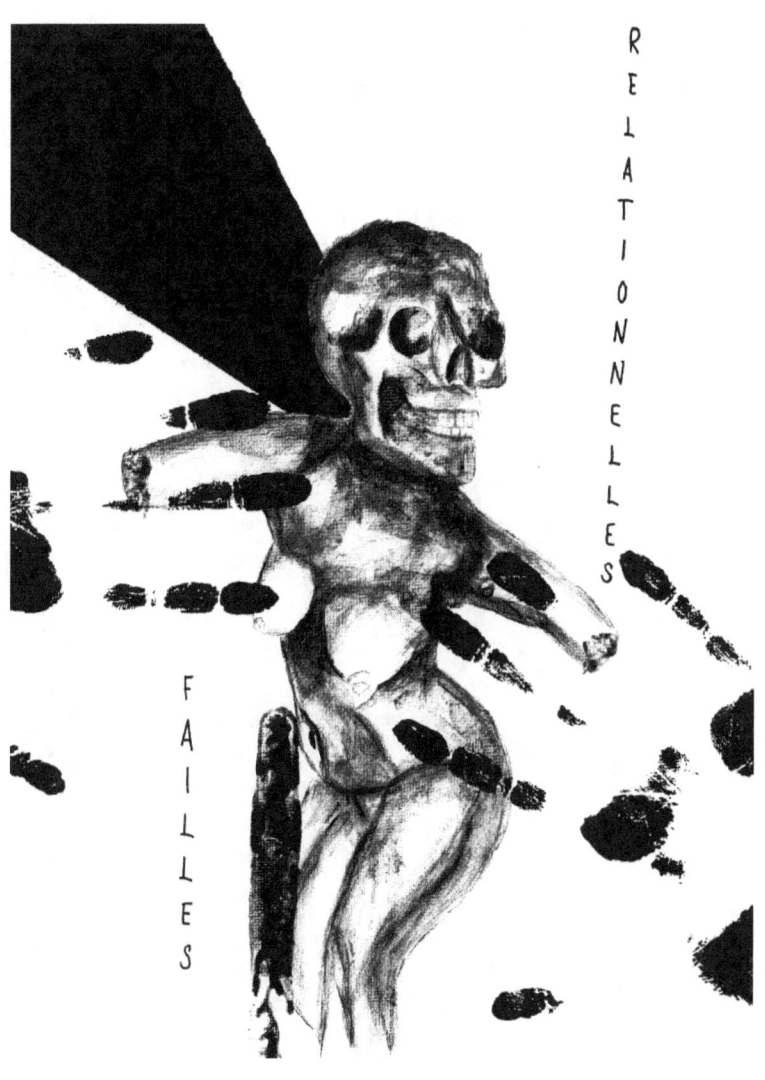

DÉRIVE

Vais-je un jour me sortir de la noyade ?
Les crises d'angoisse ne sont-elles que passade ?
Souffrir à m'en rendre malade
Bercée par mon humeur maussade
Et l'impression que ma vie n'est que mascarade
Espérant parfois que me sauve une naïade
Sourire n'est qu'une façade
Écouter n'est qu'une parade
Sur mon cœur y déposer une inutile pommade
Jusqu'à ce que m'emporte une tornade
Habillée de dénis

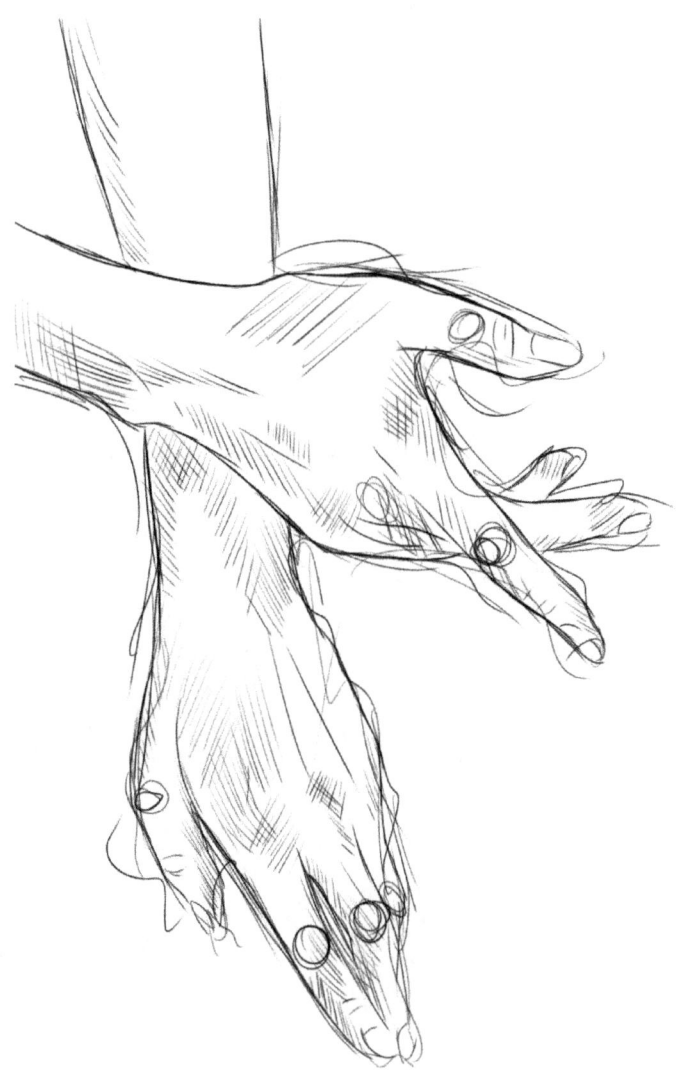

PLAIES OUVERTES

Victime d'un amour oblatif
C'est le cœur meurtri que s'envolera
Mon dernier souffle de sentiments trop abusifs
Et tout mon être s'abandonnera

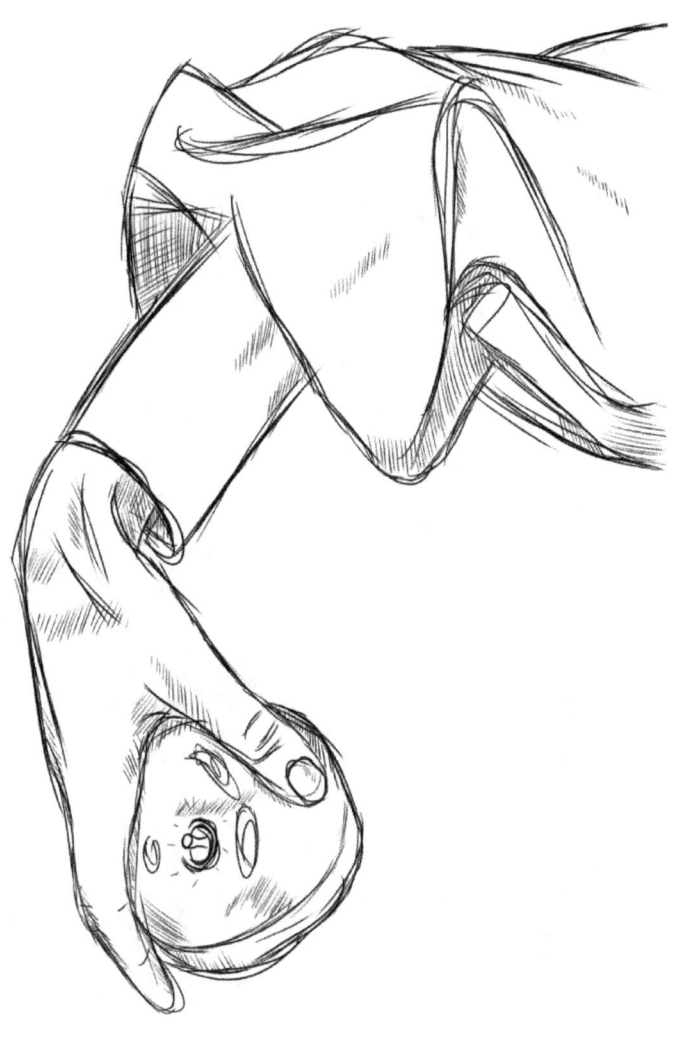

Janvier 2023

Maureen Marescaux

INSÉPARABLES

Sur l'oreiller je me souviens de ton sourire
De cette tension avant de te retrouver,
De cette hésitation lâche à m'enfuir
Mais surtout de mes angoisses envolées

Lorsqu'enfin j'effleure tes joues
Un bonjour et le temps se fige étrangement
Attentive à ce que tu fais, tes passions et tes goûts
J'aspirais déjà à ce que ce moment dure éternellement,

Pourtant on finit tout de même par se dire aurevoir
Sans se douter que nous allions autant se « revoir »

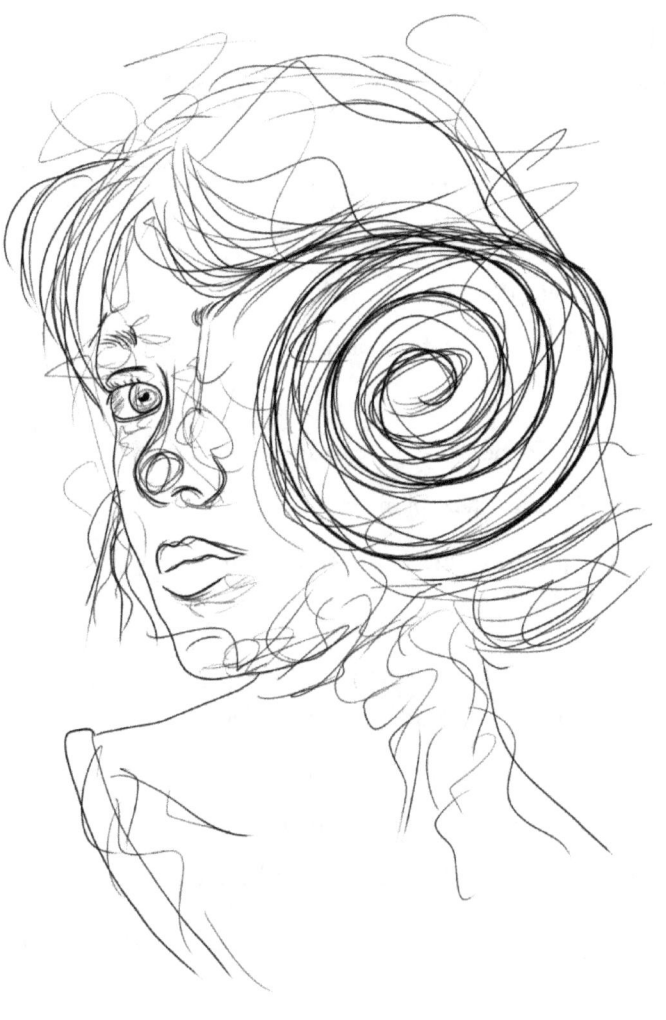

LES FLEURS DU BIEN

Depuis longtemps émanaient de moi les fleurs du mal

Envahie depuis toujours par une douleur viscérale

Torturée et hantée par ma vie passée

Essayant sans cesse de me rattraper et m'emmener

Puis dans ce bar j'ai fini par croiser ton regard

Tu semblais parfaite à bien des égards

Je me souviens de ton sourire radieux

Et de tes yeux d'un profond bleu

Le froid d'hiver ne parvenait pas à me refroidir

Absolument tout chez toi me faisait frémir

Alors j'ai appris à apprécier la beauté naturelle

Et non la dystopie que je rendais belle

A travers mon art comme le faisait Baudelaire

Le Beau brut finira sûrement par me plaire

Et de la boue je n'aurai plus à extraire l'or

Car depuis c'est dans tes bras que je m'endors

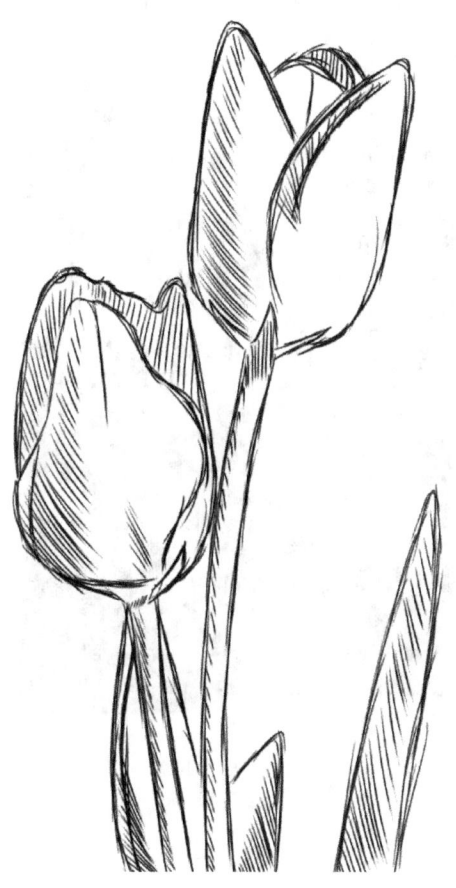

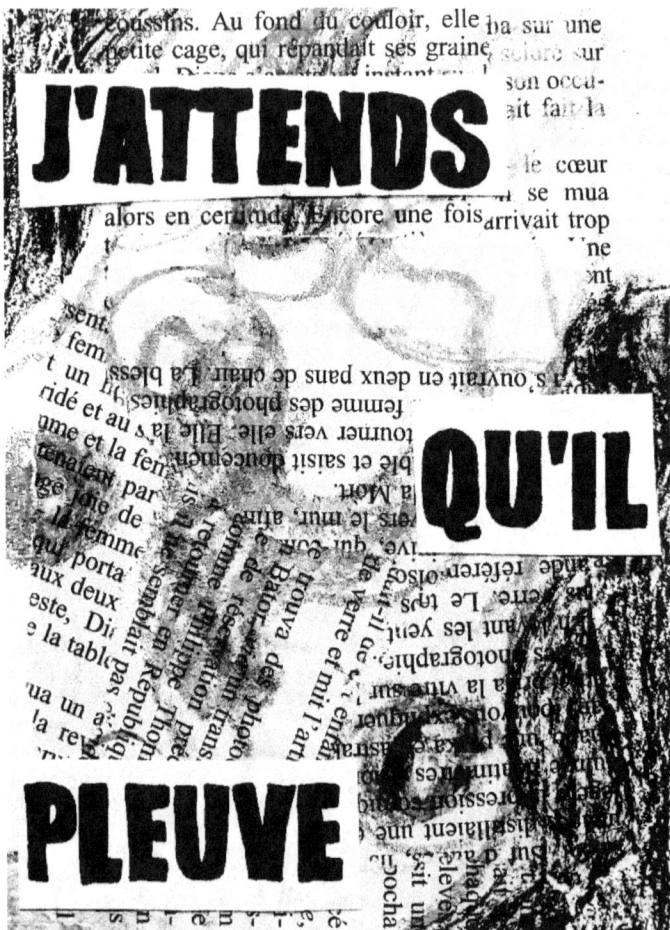

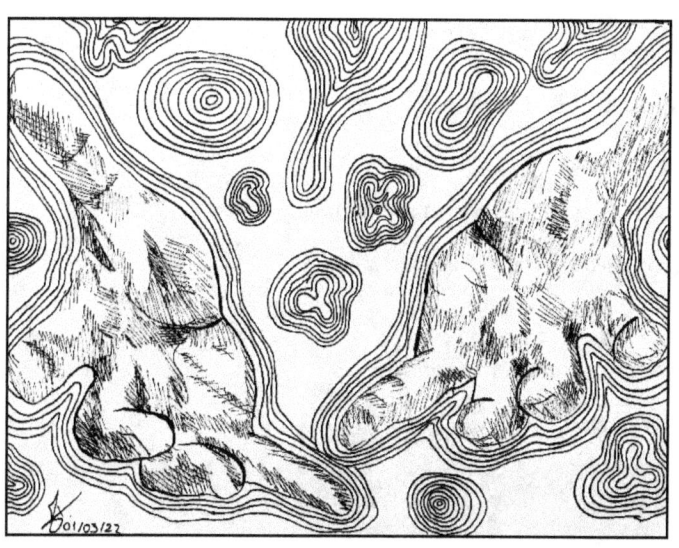

TU ME HANTES, TU M'OUBLIES TOUT SIMPLEMENT

Il m'arrive parfois de repenser à cette nuit

Malgré moi des images me reviennent et me torturent

Revivre en boucle cette paralysie

Sentir une nouvelle fois la pluie émergeant de mes yeux

Ce moment où le « non » n'a pas suffi

Où mes pleurs ne t'ont pas arrêté

J'y repense sans cesse cela me hante

Et toi, es-tu hanté par tes actes ?

Arrives-tu à te lever chaque jour ?

Parce que moi non.

« Non »

Je ne sors plus de chez moi

Je ne supporte plus le regard des autres

Je vis avec la crainte de te revoir

Et de nouveau oublier de respirer

Les mêmes cauchemars tous les soirs

C'est ton visage qui m'apparaît dans le noir

Atroce malédiction de te revoir

Toi qui m'as noyée dans un violent brouillard

SE BATTRE ET DÉBATTRE

Enfermée dans un terrible soliloque
Une folie sans équivoque,
Ces voix qui sans cesse me torturent
Avec un ton bien accusateur

Je me perds dans l'abîme de mes pensées
Chaque mot résonne, dans ma tête, enfermé
Les murmures réveillent mes peurs les plus profondes,
Dans l'écho de ma solitude je me gronde

Mais dans les méandres sombres de mon être,
Un brin d'espoir se laisse parfois paraître
Je lutte contre ces murmures destructeurs
Pour trouver en moi la force et la douceur.

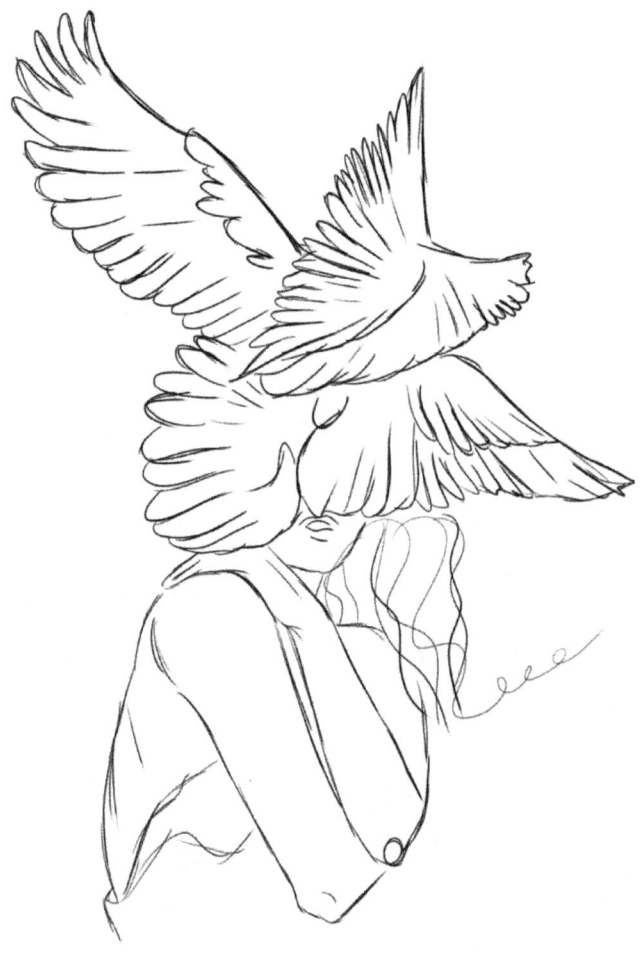

Mars 2023

Maureen Marescaux

« LA VIE D'ADULTE »

On nous parle souvent de la majorité

Cet âge qui, semblerait-il, amènerait à plus de liberté

J'ai moi-même, dans ma chambre, tracer des bâtons.

Comme enfermée dans une prison

Une cage ornée de diamants.

Mais personne ne parle des vingt ans

La vingtaine qui m'a tant fait réfléchir,

Tout remettre en question sans jamais fléchir

Que faire de ma vie, la fin d'études approchant

Face à moi un avenir flou me torturant.

C'est dingue comme l'idée de grandir, un jour

Nous fait frémir et le lendemain, pris de court,

Nous terrifie pour les années à venir.

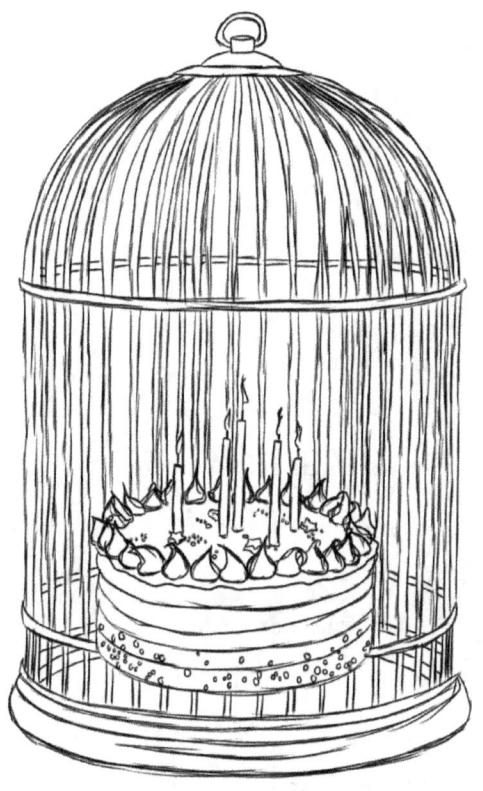

EXCÈS PARISIENS

Lorsque je suis arrivée dans la Capitale

J'ai été enivrée par tant de liberté,

Comme l'impression qu'ici tout est possible.

Sans parents, sans personne pour me dire quoi faire

J'ai couru après la vie,

Je devais rattraper le temps perdu.

Enchaînements de sorties, d'alcool et de cigarettes

Tout en menant mes études, mes projets personnels

Je n'ai guère besoin de préciser que mon sommeil

En avait pris un sacré coup.

Puis un jour, j'ai ouvert les yeux,

Enfin je veux dire réellement.

Ouvrir les yeux sur le monde qui m'entoure

Et sur les chances que j'étais en train de gâcher.

C'est si dur de trouver le juste milieu,

La balance entre plaisir, désir et la réalité.

Aujourd'hui je ne sors plus,

Je n'ai plus le goût à rien

Comme si j'avais fait une surdose de bonheur.

Bizarre ? Est-ce vraiment possible ?

Il faut croire que oui.

Perdre l'habitude de me retrouver seule face à ses pensées

Et c'est ici que commence le vrai travail,

Le travail sur soi,

Apprendre à s'aimer soi avant d'aimer les autres.

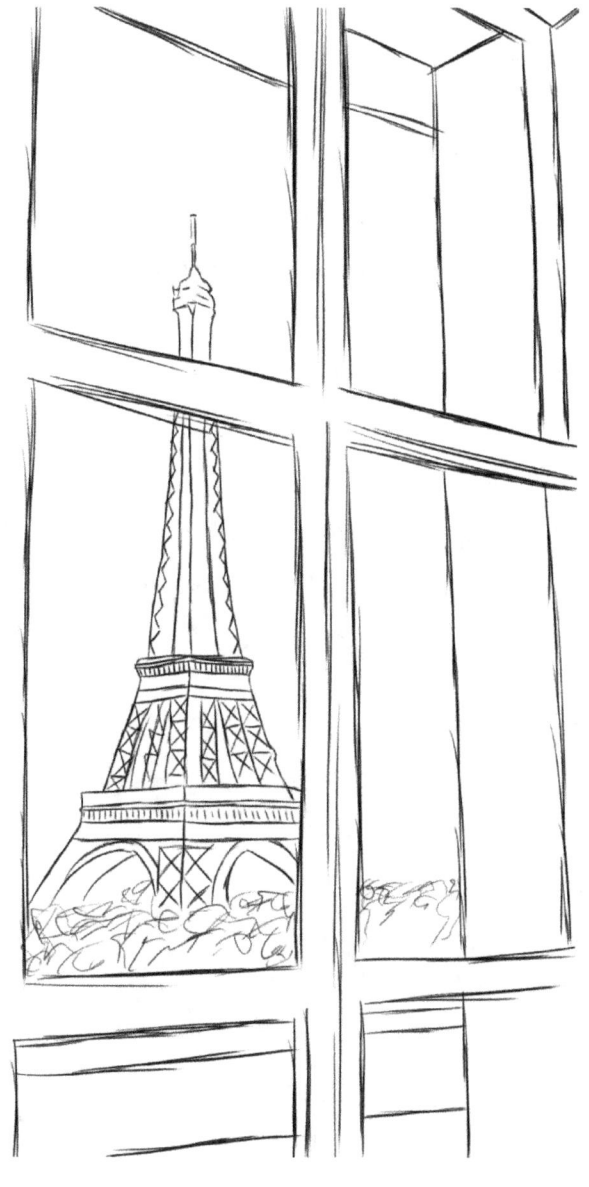

DEUIL

Durant ce deuil je suis passée par plusieurs phases

Tout d'abord il y a eu la colère

Puis, une fois cette colère apaisée

La tristesse peu à peu a éclos

Enfin, l'indifférence a construit son nid

Alors j'ai naïvement pensé que j'en avais fini

Je fus soulagée

Cependant la douleur n'avait pas dit son dernier mot

Aujourd'hui je ne saurais décrire

Décrire ce torrent

Cette violence qui envahit tout mon être

Mélange de haine, de tristesse, d'incompréhension

Une incommensurable rage

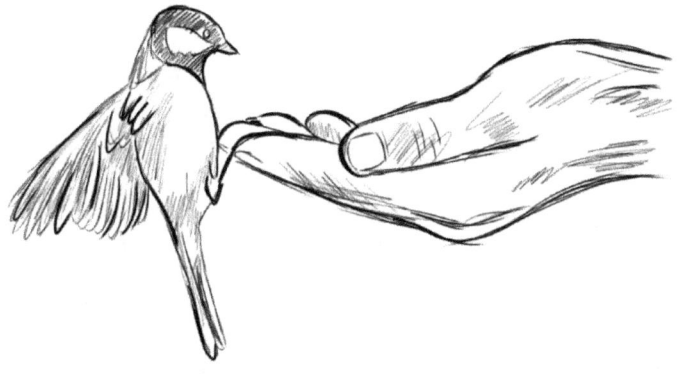

APAISEMENT

Dans la pénombre du soir

Sous les grincements de mes déboires

Le soleil allant se coucher, j'observe

Dans le flou de mes rêves

Douce harmonie infinie

Silence et mélancolie

Puis dans mes divagations

S'endorment cauchemars et dissociations

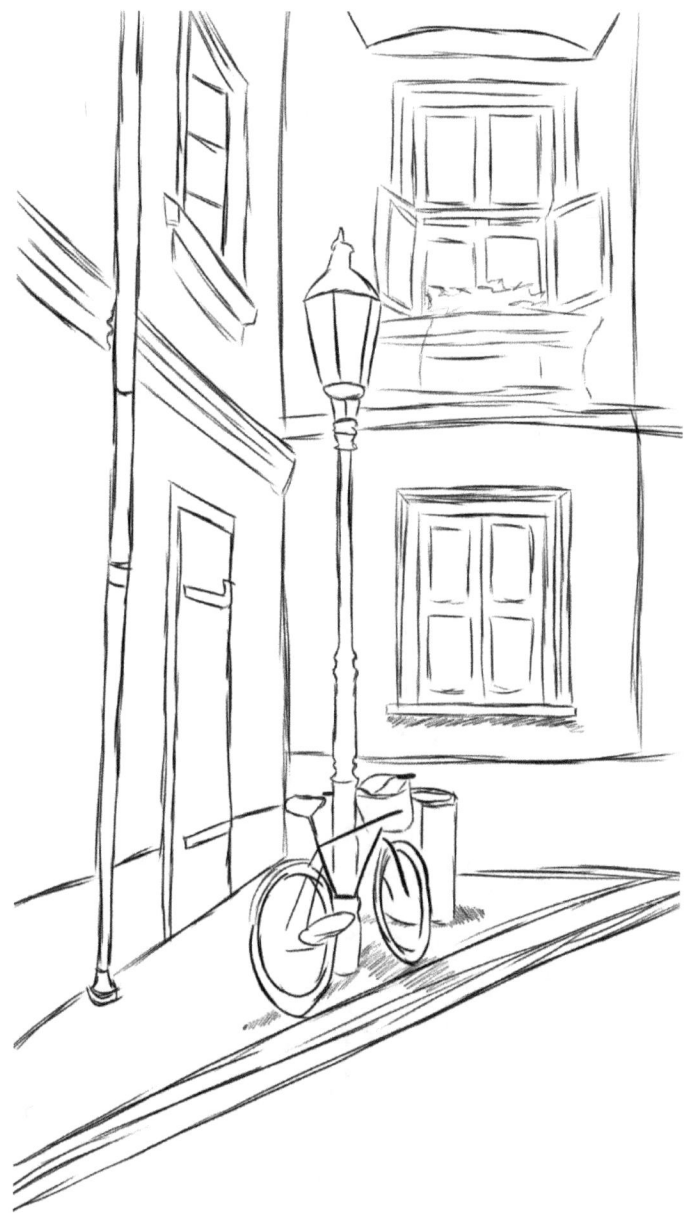

RENAISSANCE

Pas un bruit ne troublait la beauté de l'instant,

Le soleil commençait à s'endormir lentement

Ma peau était tendrement caressée par le vent

Observer la nature était si exaltant

Le bleu avait laissé place à une couleur rosée

Le chant des oiseaux me berçait

Rien ne m'avait jamais autant calmée

C'est si bon de se sentir apaisée

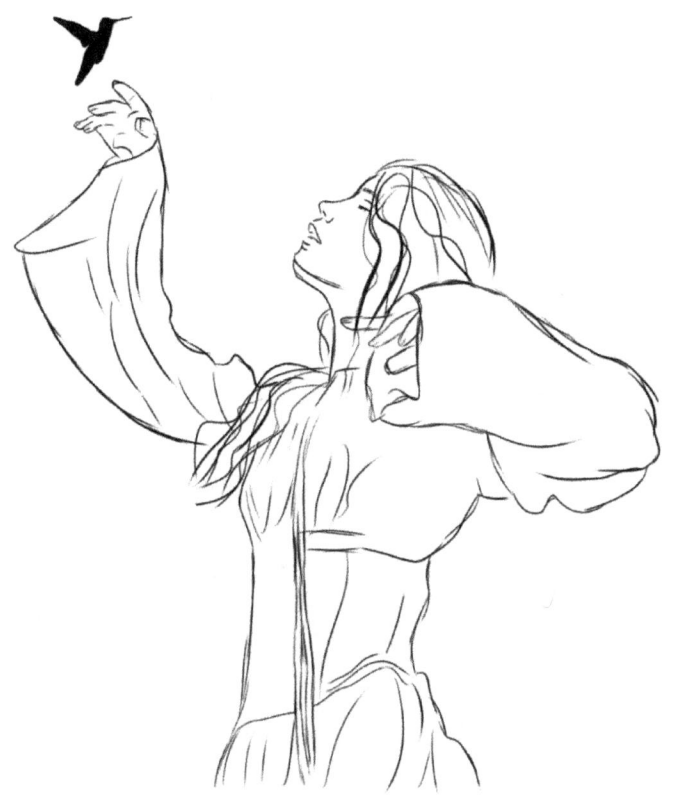

Maureen Marescaux

La boucle est bouclée, par ce dernier recueil je tourne la page. Je ne dis pas que je n'écrirai plus de poésies ; certainement pas mais j'ai besoin d'une pause, de me renouveler. J'ai sorti mon premier recueil à mes 17 ans avec un besoin de crier en silence ce que l'on m'interdisait ne serait-ce que de chuchoter. Mon deuxième a éclos dans le deuil d'une famille m'ayant abandonnée, a pris naissance sur le bureau de mon foyer, il m'a permis d'entrevoir une lueur d'espoir. Ce troisième a un peu tardé à arriver. D'apparence il s'est écrit dans un environnement « normal », dans la petite chambre parisienne d'une jeune femme qui voulait s'échapper, voyager. Il avait pour première idylle la fuite, l'épanouissement et le bonheur. Hélas il s'est fait rattraper par les vieux démons de ceux qui l'ont précédé. C'est quand tout semble aller mieux d'apparence, que le vrai travail intérieur se fait.

Ainsi est né ce recueil que vous tenez dans les mains ou votre liseuse. J'ai compris qu'aller mieux n'était pas un sprint mais plutôt un marathon, que je ne devais pas me presser et prendre le temps de m'écouter, ainsi j'ai pris le temps d'écrire, de divaguer, de sombrer, revenir à la surface et laisser les rayons du soleil couler sur ma peau. Je ne dois pas me forcer à écrire sur le bonheur s'il ne m'inspire pas, comme je ne dois pas délaisser ce bonheur s'il me fait peur. J'espère par ce recueil avoir su faire la balance, jamais aussi bien que Baudelaire sûrement mais tout de même.

D'ailleurs lecteurs, il est peut-être temps de vous confier mon éloge à Baudelaire au cours de mes différents recueils, ne pensez-vous pas ? De mon plus jeune âge j'adorais écrire et dessiner ; ce qui est comique c'est que j'ai commencé à dessiner pour faire plaisir à ma mère, puis j'ai continué pour lancer un trafic de bracelets à forme en primaire. Vous savez les bracelets élastiques de toutes les couleurs et de toutes les formes ? Je prenais des commandes auprès de mes camarades : des bracelets contre un dessin. Il est temps de vous avouer que je décalquais mes dessins à l'époque car je ne savais pas dessiner, arnaque ? Tout à fait, j'avais déjà bien assimilé les bases d'un bon commercial à la maison (je plaisante, ou peut-être pas). Je me souviens de mes premières créations, des petits livres illustrés et bourrés de fautes d'orthographe que je faisais relire à ma grand-mère, professeure de français.

Je ne m'étais que rarement intéressée à la poésie jusqu'à ma rentrée en première. Période de confinement, période très instable de ma vie, j'ai rencontré ma nouvelle professeure de français. Cette année-là nous avions étudié les Fleurs du Mal de Baudelaire, elle en était passionnée et moi encore plus par ses cours. Ses paroles étaient d'un enrichissement tel, j'ai fini par méprendre de la poésie et en particulier de Baudelaire. À un moment très compliqué de ma vie, ces recueils m'ont énormément accompagnée. Trois ans après je suis toujours autant émerveillée par son alchimie poétique, sa manière de transformer l'or en boue, ou de rendre en spectacle un cadavre en putréfaction.

Baudelaire était en avance sur son temps, il avait déjà appris à romantiser sa vie comme ce que l'on fait aujourd'hui sur les réseaux sociaux. Le Mal, la tristesse, les malheurs de la vie m'inspirent. Quitte à souffrir, autant parvenir à en tirer quelque chose de beau, ne croyez-vous pas ?

Sur ce, lecteurs, amis, je vous dis à bientôt.

Bien à vous,
Maureen Marescaux

Chère-moi,

Je suis fière de toi.

Oui je sais, c'est rare que je te le dise

Car cela fait bien longtemps que je te méprise.

Mais il est temps de faire la paix,

Avec moi tu es en sécurité.

Maureen Marescaux

DE LA MÊME AUTEURE

À L'ENCRE DE MES SENTIMENTS
Juin 2020

CONFINÉE DANS SON CŒUR
Décembre 2021

www.ingramcontent.com/pod-product-compliance
Lightning Source LLC
Chambersburg PA
CBHW070020300526
45794CB00001B/374